LA SANTIDAD DE LA REVOLUCION

PEDAL 58

ERNESTO CARDENAL

LA SANTIDAD
DE LA REVOLUCIÓN

EDICIONES SIGUEME - SALAMANCA - 1976

Cubierta: Aníbal Núñez

© Jugenddienst-Verlag, Wuppertal, 1972
© Ernesto Cardenal, 1976
© Ediciones Sígueme, 1976
Apartado 332 - Salamanca (España)
ISBN 84-301-0413-5
Depósito legal: S. 252-1976
Printed in Spain
Imprime: Gráficas Ortega, S. A.
Polígono El Montalvo - Salamanca

CONTENIDO

Presentación 9

Sobre la santidad de la revolución 17
   Conversación en Solentiname 19

Sobre poesía, revolución e iglesia 53
   Un marxismo con san Juan de la Cruz 35

Poesías de inspiración cristiano-marxista 71
   Condensaciones — y visión de San José de
   Costa Rica 73
   Epístola a José Cardenal Urtecho 81
   Epístola a monseñor Casaldáliga 93

PRESENTACIÓN

En Mancarrón, una isla del retirado archipiélago de Solentiname, en el Gran Lago de Nicaragua, fundó Ernesto Cardenal en 1966 una comuna cristiana. Un grupo de amigos que viven pobremente entre los indios campesinos. Dos casitas de madera, dos cabañas con techo de paja, una pequeña iglesia decorada por los indios con casitas y flores infantiles y alegres. Eso es todo.

Estudiantes e intelectuales, poetas y artistas, hombres y mujeres que buscan algo, que necesitan tal vez una orientación para su vida, llegan a Solentiname para hablar con Ernesto Cardenal. Poco a poco, Solentiname se ha convertido en un centro de meditación y diálogo, en un lugar de peregrinación.

Ernesto Cardenal nació en Granada, Nicaragua, en 1925, en el seno de una de las primeras familias del país. Estudia el bachillerato en un colegio de jesuitas. Más tarde va a Mascarones, México, donde estudia filosofía y letras. Después de obtener su licenciatura con una tesis sobre los nuevos poetas de Nicaragua, pasa a la Columbia University de Nueva York, aprende el inglés y penetra en la nueva literatura de América del Norte, siendo influido de una manera decisiva por el gran poeta de aquel país, Ezra Pound. Cardenal se dedica entonces a dar nueva forma a viejos textos: cantos de los indios, mitos, descripciones de viaje.

En abril de 1954 toma parte en la «rebelión de abril» contra el régimen de Somoza, es perseguido y puede escapar. De esta temporada data su poesía de denuncia social y política *(Hora 0, Epigramas)*. Es éste un período importante en su vida, que el mismo Cardenal explica en estos términos:

«Fue un movimiento bastante grande, en el que intervinieron muchos nicaragüenses. El plan era éste: asaltar de noche el palacio presidencial y sorprender a Somoza en su propio cuarto para, de ese modo, tomar inmediatamente el poder. La conspiración estaba preparada desde hacía mucho tiempo. En ella estaban comprometidos también personajes importantes del partido de la oposición, que habían conseguido introducir clandestinamente armas en Managua. Allí nos reunimos con ellos para preparar el asalto».

«El número de los que nos reunimos no era suficiente para tomar el palacio. Hubo diversas opiniones sobre la mejor estrategia a seguir. Unos querían dejar el asalto para el día siguiente, otros querían buscar refugio primero en las montañas, y no faltaba gente que pensaba que lo mejor era irse con las armas a Costa Rica, para preparar allí mejor la revolución».

«Mi papel era seguir a Somoza para estar seguros de que realmente se encontraba en el palacio. Aquella noche daba una fiesta la embajada americana y en ella tomaba parte también Somoza. Un amigo y yo estuvimos espiando la embajada yanqui. Cuando Somoza abandonó la embajada con su escolta, le seguimos hasta su residencia. En seguida fuimos a informar a los compañeros que nos esperaban. Pero inmediatamente nos dimos cuenta de que el plan había fracasado porque no éramos bastantes para aventurarnos a un asalto».

«El día siguiente lo pasamos deliberando. Pero a mediodía nos enteramos de que habían detenido a uno de los compañeros. Después de torturarlo brutalmente había confesado el plan. Somoza dio la orden de busca y captura contra todos nosotros. Algunos pudieron escapar, otros pidieron asilo en distintas embajadas extranjeras, otros huyeron al monte y se ocultaron, y algunos fueron detenidos. Casi todos los cabecillas principales de la revuelta fueron apresados. A algunos se les soltó después de tener que contemplar cómo torturaban a los demás».

«Yo conseguí escapar y ocultarme. Así que no estuve en la cárcel, pero a muchos de mis compañeros los cogieron y los torturaron. En algunas publicaciones se dice que estuve en un campo de concentración. No es verdad. En mi obra *Hora 0* aparece un personaje que está oculto y que teme que puedan descubrirlo en cualquier momento. Eso es autobiográfico».

«Así fue nuestra rebelión de abril. El cabecilla fue Alfonso Báez Bone, al que torturaron de modo horrible. Se supo que le cortaron el pene. Parece que "Tachito" Somoza, el actual presidente, estuvo presente en el interrogatorio de Bone y que le salpicó la sangre del torturado. Se dice que tuvo durante mucho tiempo una especie de manía de lavarse continuamente las manos y de cambiarse de ropa. Le parecía que estaba siempre manchado de sangre. En *Hora 0* también me refiero a esto».

«Otro de los líderes era el padre de la muchacha de la que yo estaba enamorado. Antes de matarlo le cortaron la lengua, porque había insultado a Somoza durante el interrogatorio. A otro de mis compañeros lo quemaron vivo».

En abril de 1957, Cardenal sorprende a sus amigos con una decisión inesperada: «Me voy a la trapa». Entra en la trapa de Gethsemany en Kentucky. Su maestro de novicios es Thomas Merton. Su amigo, el poeta Pablo Antonio Cuadra resume la experiencia de aquellos años: «La trapa fue para Ernesto la plataforma de un lanzamiento infinitamente maravilloso, pero infinitamente increíble para los que no comparten su fe. Su poesía sufrió tal purificación que difícilmente puede no delatar este acontecimiento al profano».

Su libro *Vida en el amor,* concebido durante los años en la trapa, da testimonio no sólo del proceso de su maduración poética sino también de su nueva comprensión teológica.

Después de dos años, Cardenal deja el convento de Gethsemany, pasa otros dos años con los benedictinos en Cuernavaca, México, y acaba sus estudios de teología en el seminario de Medellín, Colombia.

En junio de 1972 visité a Ernesto Cardenal en Solentiname. Tuvimos una larga conversación. Me interesaba sobre todo saber la influencia que había tenido en su pensamiento político y teológico sus recientes viajes a Cuba, Chile y Perú, los tres países latinoamericanos con regímenes socialistas en aquel entonces.

Tres meses antes de nuestra conversación había aparecido en Argentina el relato de su viaje a Cuba. Inmediatamente ocupó el primer lugar en la lista de los libros más vendidos en distintos países latinoamericanos. La influencia de Cardenal sobre estudiantes e intelectuales en América latina es mucho mayor desde la publicación de este libro. Por ejemplo, en San José (Costa Rica) lo escucharon millares de personas de todas las clases sociales, cuando en el campus universitario habló de sus conversaciones con Castro y Allende y leyó nuevas poesías. Era a comienzos de 1972.

En Nicaragua, su patria, fue inmediatamente prohibida su antología poética, porque menciona con toda claridad las fechorías del dictador Anastasio («Tachito») Somoza. Lo mismo hace con las de las multinacionales norteamericanas en Nicaragua.

Pero sus viajes a estos tres países y las nuevas perspectivas políticas que ganó con ellos tuvieron otra consecuencia: ahora cuesta vender en Managua, la capital del país, los objetos artísticos de la comuna de Solentiname (cuadros, candelabros, ceniceros y escul-

13

turas), que para muchos de los campesinos de las islas del archipiélago de Solentiname constituyen una importante fuente de ingresos. Para ellos fue esto mucho más grave, teniendo en cuenta que la cooperativa agrícola que fundaron prácticamente ya no puede trabajar por falta de ayuda técnica y está entrampada con el estado.

La juventud de Solentiname ha tomado ahora la iniciativa. Antes se unieron, en especial, para organizar fiestas y diversiones. Lo que comenzó siendo un club se ha convertido en asociación política. Ellos planean y llevan a cabo medidas políticas y económicas concretas. Los militares de Nicaragua observan con atención las actividades de Solentiname. Al principio no había quien los convenciera de que ahí había entrenamiento de guerrilleros...

Cardenal es sacerdote. Su seguridad personal no corre peligro directamente. Una protección especial le supone su fama internacional como poeta. Sólo así se explica que haya podido leer en la universidad de Managua, entre los aplausos apasionados de sus oyentes, su reciente *Canto nacional,* dedicado al Frente Sandinista de Liberación Nacional.

Nuestra conversación con Ernesto Cardenal tuvo lugar en su casa de madera, que sirve al mismo tiempo de dormitorio para algunos muchachos campesinos que viven y trabajan en la comuna. En las paredes encaladas cuelgan posters de Sandino [1], de Camilo Torres, de

---

1. Augusto César Sandino, guerrillero nicaragüense, asesinado por Somoza en 1933. De familia campesina, de padre blanco y

Thomas Merton y Ernesto «Che» Guevara. También algunos cuadros al óleo pintados por los campesinos y que últimamente han quedado sin vender. Sobre la cama de Ernesto, un gran crucifijo de piezas de metal oxidadas.

No nos cogió de improviso el juicio que Cardenal da de la ayuda al desarrollo que las naciones industrializadas prestan a los países del tercer mundo. Recordemos las frases de Jean-Paul Sartre en el prólogo al libro de Frantz Fanon, *Los condenados de la tierra*: «Europeos, abrid este libro, adentraos en él. Después de unos pocos pasos en la oscuridad veréis a unos desconocidos reunidos alrededor de una hoguera. Acercaos y escuchad: están tratando de lo que van a hacer con vuestras filiales y vuestros mercenarios. Quizás os vean, pero seguirán hablando sin bajar la voz siquiera. Esta indiferencia es como una puñalada en el corazón...».

Es una indiferencia que adquiere su fuerza precisamente por el hecho de que (sin el más mínimo remordimiento) paga con la misma moneda: el ansia despiadada de ganancia y la ambición colonialista de poder se las verá con una revancha sin piedad y con un anticolonialismo radical. Es a través de esta indiferencia por donde pasa el camino hacia la lucha de clases de proporciones mundiales, camino que desemboca en

madre india. Por un poco de tiempo consiguió expulsar de Nicaragua a las tropas y a las compañías norteamericanas. Está considerado como el fundador de la moderna estrategia guerrillera.

la lucha de las masas empobrecidas contra los pueblos de las naciones ricas e industrializadas.

En esta situación aparece Ernesto Cardenal como uno que no necesita abrir el libro de los condenados de la tierra, para saber lo que ahí se dice y pasa. Ya ha escrito páginas importantes para el capítulo sobre Nicaragua. Pero, al mismo tiempo, es lo suficientemente contemplativo y profeta como para oír y saber de antemano lo que se está tramando junto al fuego, en la oscuridad. Ve claro que no se trata sólo y en definitiva de lo que va a ocurrir a las filiales y a los mercenarios. Cardenal sabe más cosas. Por eso lo visitamos en una isla difícil de alcanzar en el lago de Nicaragua. Por eso conversamos con él varios días y varias noches. Ernesto, sentado en su cama, con su barba gris, sus cabellos largos sujetos por una cinta *hippie,* sonriendo...

HERMANN SCHULZ
(traducción del alemán: Severiano Talavero)

Sobre la santidad de la revolución

Conversación en Solentiname

¿Por qué Solentiname?

Pregunta: Ernesto, queremos empezar esta entrevista preguntándote sobre las causas principales que te movieron a instalarte en esta isla. Este ejemplo de pobreza voluntaria fascina en Europa a mucha gente, pero existen otros grupos que ven en ello una huida del frente político y revolucionario, y de la realidad nicaragüense y latinoamericana. Además nos gustaría que hicieras un resumen de estos primeros 5 años en Solentiname.

Ernesto Cardenal: Podría decirse que es una huida del mundo capitalista; quiere decir que estamos descontentos de este mundo, y creo yo que es legítimo huir de él y organizar la vida de uno en otra forma, en una forma no-capitalista. Se podría decir también que el socialismo es una huida del capitalismo. Debemos huir de esta vida monstruosa que es nuestro mundo actual, el mundo de la sociedad de consumo, el mundo burgués. La vida contemplativa, la vida de los monjes ha sido siempre una huida del mundo. Pero es una huida del mundo de la injusticia para crear un mundo mejor. Yo creo que el día en que haya una sociedad justa, la sociedad comunista perfecta, o bien el reino de Dios en la tierra, que para mí es la misma cosa, no va a haber necesidad de alejarse de la sociedad. San Juan Crisóstomo decía que si las ciudades fueran cristianas no habría necesidad de monasterios. Pero mientras no tengamos esta sociedad, creo que podemos retirarnos a sociedades pequeñas, a sociedades de protesta. Creo yo que eso no es alejarnos de la lucha política ya que seguimos la lucha política desde nuestra comunidad. En realidad, yo me he politizado con la vida contemplativa. La meditación, la profundización, la mística es la que me ha dado a mí la radicalización política. Yo he llegado a la revolución por el evangelio. No fue por la lectura de Marx sino por Cristo. Se puede decir que el evangelio me hizo marxista.

Pregunta: ¿Pero no significa esto, que, retirándote a esta isla, cambias sólo tu vida, pero no la vida de los demás, la del pueblo entero? Para un revolucionario existen también otras alternativas, por ejemplo dar conferencias en la universidad, o, aquí en Nicaragua, unirse al Movimiento Sandinista, en fin, algo donde pudieras tener un mayor radio de resonancia.

Ernesto Cardenal: Bueno, creo que cada uno tiene una misión. La mía es la de poeta y la de profeta, y no la de líder político y tampoco la de profesor. Y creo que cada uno debe luchar por la liberación dentro de su vocación. Yo creo que también el contemplativo tiene una misión política. Creo que el contemplativo, el monje y aun el ermitaño es en realidad un revolucionario. También él está promoviendo el cambio social. Y también da testimonio de que además de los cambios políticos y sociales hay una realidad trascendente, más allá de la muerte. Yo creo que es importante que también haya personas que recuerden a la humanidad que la revolución se prolonga también después de la muerte. Y que la humanidad está destinada también a una boda con Dios, después de que la humanidad haya llegado realmente a su mayoría de edad, que se haya formado ya como un solo cuerpo. Actualmente, la humanidad es como una niña de 13 años que no siente la necesidad del matrimonio, que cree que puede vivir sola, sin necesidad de compañía. Pero cuando la humanidad llegue a su mayoría de edad, cuando el organismo social llegue a su madurez, entonces se va a sentir sola, y va a sentir la necesidad de compañía. Y entonces aparece el esposo. Todavía no estamos en la edad como para sentir la necesidad de un esposo. Los contemplativos son como hormonas en este organismo, le están madurando, están recordándole al organismo que va a tener después una unión, un matrimonio. Ahora lo más importante es que la humanidad se forme, que se desarrolle, que llegue a constituir un solo cuerpo. Estamos construyendo la humanidad. Pero la revolución no va a acabar allí. La revolución es para que la humanidad se madure y realice después una boda con Dios.

Pregunta: ¿Y cómo han sido los primeros 5 años de Solentiname?

Ernesto Cardenal: Vinimos en 1966 a Solentiname tres compañeros. Los otros dos eran Willian y Carlos Alberto, que habían estado conmigo en el seminario en Colombia y no deseaban ser sacerdotes; querían probar conmigo esta clase de vida. Cuando vinimos, todo esto era sólo un bosque enmarañado. Desde donde están ahora las casas no se veía el lago por ningún lado, ni se veía siquiera el terreno donde uno estaba, por la cantidad de malezas. Nos suponíamos que cuando se limpiara el terreno de malezas tendríamos muy bellas vistas, y así fue en efecto: después de la limpiada aparecieron por todos lados paisajes del lago y de las islas. Yo había comprado aquí antes este terreno con el dinero de un premio literario que me habían dado y también con los donativos de algunos amigos y familiares. Con esas ayudas también fue posible la construcción de las casas. La primera en construirse fue esta casa prefabricada en que ahora estamos, que fue traida desde Managua para ser armada aquí. Una firma comercial la había rifado como promoción de ventas y nadie se la sacó en la rifa o nadie llegó a reclamarla, y nos la regalaron. Mi idea había sido dejarla sólo para los huéspedes porque era demasiado lujosa para nosotros. Nosotros íbamos a estar en una construcción más rústica, pero por falta de dinero no pudimos hacer esa otra construcción y nos tuvimos que quedar en esta casa que ha servido a la vez para nosotros y para los huéspedes. Ahora sí ya pensamos desocuparla y nos pasaremos al ranchito en que están actualmente los huéspedes y que teníamos destinado para eso. En esta casa prefabricada sólo estarán los visitantes. Es paradójico que por falta de dinero no hemos podido antes pasarnos a una vivienda más pobre. Después hicimos la que llamamos la «casa grande» que es ese salón para las reuniones de la comunidad. La íbamos a hacer de techo de paja, pero también era paradójico que un techo de paja de ese tamaño costara muchísimo más que uno de láminas. La paja buena para techo es escasa en Solentiname. Pero algún día pensamos poner algún techo de paja a esa casa; será más de acuerdo con el paisaje.

Carlos Alberto se fue pronto, porque encontró que ésta no era su vocación. Después se fue también William a casarse con Teresita, su novia, porque también encontró que no era su vocación vivir aquí en plan de monje. Pero quería de todos modos vivir aquí con Teresita. Me pareció bien esa idea y modifiqué el plan primitivo de tener una comunidad exclusivamente compuesta de «monjes» en el sentido tradicional de la palabra. Thomas Merton me escribió por aquel entonces que eso de admitir matrimonios podría ser una forma de vitalizar el monasticismo. Es cierto que nuestra vida tampoco es «monástica» en el sentido tradicional de la palabra. Estamos inventando una clase de vida apropiada a nosotros, eso es todo.

Al principio comenzamos sembrando para mantenernos, pero encontramos que en estos lugares no se puede vivir del campo, si no es con el nivel de vida de los campesinos de aquí, que es realmente miserable. Incluso nosotros teníamos que ganar aún menos que estos campesinos porque no podemos trabajar lo que trabajan ellos. En realidad, la agricultura aquí sólo permite un nivel de vida sub-humano, a no ser que cambie el sistema económico que tenemos, que mantiene tan explotados a los trabajadores y sobre todo a los trabajadores de la tierra. Por eso tuvimos que dejar las siembras con mucho pesar de mi parte y comenzamos a trabajar en la artesanía. También hemos estado enseñando estas artesanías a los campesinos para que puedan ganar un poco más de lo que ganan sembrando maíz y frijoles. Ellos podrían mejorar grandemente su economía con estas artesanías si tuviéramos un mercado mejor para ellos en Managua o en el extranjero. La venta en Managua para nuestros productos se ha hecho más difícil desde que yo empecé a defender el régimen de Cuba. La mayor parte de esas personas, que al principio nos ayudaron, ya no nos ayudan, y sólo lo hacen unos pocos. Otras personas o casas comerciales no nos ayudaban sino simplemente compraban estas artesanías para beneficio de ellos, pero según ellos, esa transacción comercial era una «ayuda», y ya no lo hacen. Y el gobierno también ha hecho presión en ese sentido. Cuando le conté eso a Fidel en la conversación que tuve con él en Cuba, me contestó: «Siempre pasa eso, apenas uno se declara socialista le hacen el bloqueo».

Nuestra comunidad, nuestra comuna mejor dicho —esa palabra es más apropiada para este grupo y es la que debemos empezar a usar— es muy pequeña, pero yo no deseo que crezca más. Porque yo no tengo talento administrativo y no puedo encargarme de los aspectos prácticos de un grupo más numeroso. Un matrimonio más sí hace falta, para acompañar al matrimonio de William y Teresita, pero tendría que ser un matrimonio muy especial, con cualidades excepcionales como las de ellos. Actualmente, además de ellos dos, están tres jóvenes de aquí mismo de Solentiname, de familias campesinas, Alejandro, Laureano y Elvis. Estamos esperando también a un joven de Managua, de familia millonaria, que vendrá a vivir también aquí con nosotros. Con esto, el número ya estaría completo por ahora.

Concepto de la revolución
después de la visita a Cuba

Pregunta: En los últimos dos años has tenido oportunidad de visitar países como Cuba, Chile [1] y el Perú. El hecho de que te hayan permitido viajar a Cuba no encaja en la imagen que se tiene de una dictadu-

---

1. Antes de lo de Pinochet.

ra como la de Somoza (a no ser que el gobierno espe-
rase que te quedaras allí). Después has dado conferencias en las universidades, y hemos comprobado que tu
influencia entre la juventud es cada vez más grande.
¿Qué tienes que decir a la juventud nicaragüense y
también a la europea, que conoce tus libros, después
de estas experiencias? ¿ha cambiado tu concepto de lo
que significa la revolución? Tenemos la impresión
de que antes has sido rigurosamente pacifista, mientras
que ahora simpatizas con los guerrilleros y apruebas su
actitud.

Ernesto Cardenal: Bueno, a mí no me permitie-
ron ir a Cuba. Yo fui a Cuba sacando una visa para
México, y luego me fui de México a Cuba. El gobierno de Nicaragua no permite a nadie ir a Cuba. Cuando
alguien va a Cuba tiene que ir clandestinamente. A uno
que ha estado en Cuba, generalmente suelen encarce-
larlo e interrogarlo. Conmigo no se atrevieron a hacer
eso porque saben que como escritor soy algo conocido
en otros sitios, y también por tratarse de un sacerdote.
Simplemente tuvieron que tolerar que yo hubiera ido
a Cuba.

Luego, la pregunta sobre qué tengo que decir a la
juventud después de esta experiencia, prácticamente la
he contestado con mi libro *En Cuba*. Para mí era tan
importante esa experiencia que me parecía que debía
escribir un libro. Antes de irme a Cuba pensaba que
iba a escribir algún reportaje, algún artículo o a lo su-
mo unos cuantos artículos. También creía que iba a

tener que decir muchas cosas malas del régimen de Cuba. Algunas cosas buenas, pero también malas. Esperé encontrar allí una dictadura, un autoritarismo y despotismo, todo lo que la propaganda suele decir de Cuba. Pero para mí, la experiencia de Cuba fue verdaderamente una revelación. Me di cuenta de que el marxismo es la solución, la única solución para América latina. No solamente los días en Cuba fueron como una revelación para mí, sino también después, el madurar esta experiencia a través de nuevas lecturas y conversaciones con muchos viajeros que vienen a Solentiname —y casi todos los que vienen aquí suelen ser revolucionarios—, que han venido de diferentes países de Europa, de América latina, de los Estados Unidos.

Yo y los demás de nuestra comuna hemos ido radicalizándonos más con nuestras conversaciones, con nuestras lecturas y también con lo que estamos experimentando en América latina: el proceso de Chile, el proceso del Perú, los movimientos revolucionarios de todos los países. El cambio que hemos tenido nosotros está de acuerdo con el cambio de toda América latina, que está yendo hacia la izquierda, hacia la extrema izquierda. Toda la juventud, los intelectuales, la iglesia también, hasta los obispos. Estamos cambiando de acuerdo con la historia, de acuerdo con las circunstancias. Los mismos Estados Unidos están en este proceso de cambio, es decir, nosotros estamos simplemente de acuerdo con los cambios actuales, con el cambio de mentalidad que está teniendo el mundo entero, todos los jóvenes que representan el mundo nuevo. Se puede decir que toda la juventud de Nicaragua es hoy de extrema izquierda, toda la juventud que piensa y que se interesa por los problemas sociales y políticos. Aun las niñas de 15 años, educándose en colegios de monjas, cristianas devotas, son ahora partidarias del comunismo, sin que encuentren ningún conflicto entre la revolución marxista y el cristianismo.

Pacifismo - violencia

Pregunta: En esta situación, ¿encuentras mejor o más practicable la revolución a través de la concienciación del pueblo o la revolución abierta?

Ernesto Cardenal: Bueno, creo que todos los revolucionarios de América latina creen preferible que la revolución sea pacífica. Fidel Castro dijo en Chile que la violencia se debe usar solamente en el caso extremo y lo menos posible, y que una revolución pacífica era preferible. Esto ha sido también la práctica política de Mao en China. El verdadero revolucionario es un enemigo de la violencia, es pacífico, quiere la vida y no la muerte.

Pero puede darse el caso de que la revolución tenga que ser violenta. A veces tiene que ser violenta porque los que tienen el poder no lo entregan pacíficamente al pueblo. Y esta violencia está perfectamente justificada porque es el derecho a la resistencia que la iglesia ha reconocido siempre a los pueblos. No se trata de una guerra justa, la guerra justa tal vez ahora no puede existir en el mundo. Ninguna guerra es justa. Pero la lucha de liberación o la defensa de un pueblo no solamente puede ser justa, sino que es justa. No puede dejar de ser justa. Una liberación no puede dejar de ser justa, no puede haber una liberación injusta.

Pregunta: ¿Pero serías capaz de coger un fusil y disparar contra seres humanos?

Ernesto Cardenal: Pues podría estar en la obligación de hacerlo. Yo nunca he disparado ni siquiera contra un pájaro, pero para defender a un inocente podría estar en la obligación de hacerlo. Sería contra mi gusto, sería contra mi idiosincrasia, sería contra mi carácter, tendría que violentarme para ello. El mismo Ghandi decía que la violencia era preferible a la cobardía o a la colaboración con el enemigo. La no-violencia es preferible a la violencia, pero la violencia es preferible a la cobardía.

En realidad, yo tenía antes una actitud anarquista, y sigo siendo anarquista, pero considero que el anarquismo, la sociedad anarquista, no podrá realizarse hasta después de haberse creado el socialismo, cuando deje de existir el estado. Pero por ahora creo que se necesita pasar primero por la etapa del estado socialista. Yo no creía antes en esto, me convencí de que era posible un estado socialista después de mi viaje a Cuba. Cuba ha puesto el socialismo en práctica y ha demostrado con ello que ésta era la solución, la solución para el pueblo.

Cambio de estructuras

Pregunta: Dado que en nuestro mundo capitalista las estructuras están como están, ¿qué puede hacer concretamente el individuo? Todo el mundo no se puede buscar una isla como señal de protesta. Para nosotros, gente normal, gente con familia, la lucha política es casi imposible. Si queremos sobrevivir, tenemos que adaptarnos a las estructuras, aun encontrándolas malas e inmorales.

Ernesto Cardenal: Bueno, creo que hoy se puede hacer mucho infiltrado dentro de las estructuras, cada uno en la labor en la que está, publicando libros, enseñando, en cualquier profesión u oficio. Creo que en cualquier profesión se puede luchar por la revolución, por el cambio. Y si esto no es posible, queda el campo familiar, el círculo de las amistades. Se puede radicalizar a otras personas, dándoles libros o revistas. Muy importante es también la educación de los hijos.

Pregunta: ¿Quieres decir que cada uno debe luchar como puede, sin esperar la hora X, la gran revolución?

Ernesto Cardenal: Sí, y eso es la construcción del reino de Dios, y todos pueden colaborar en ello, aunque sea en un puesto humilde. No todos pueden ser un Che Guevara. Muchos ocupan un puesto humilde en la revolución, sin dejar por ello de ser revolucionarios.

El hombre nuevo

Pregunta: ¿Cuáles son las características esenciales del «hombre nuevo» que los países socialistas pretenden estar creando?

Ernesto Cardenal: El «hombre nuevo» es el hombre desprovisto de egoísmo, el hombre que vive en función de los demás, para servir a los demás. Es el hombre de una sociedad socialista, de una sociedad en la que el hombre ya no explota al hombre, en la que uno no vale por lo que quita a los demás, sino por lo que da a los demás. En Cuba están educando a los niños, enseñándoles ya a vivir en función de los demás, y me parece a mí que en la juventud cubana se ve ya en gran medida este tipo de hombre nuevo que está surgiendo. Ellos dicen que el mejor ejemplo del «hombre nuevo» es el Che Guevara y lo presentan como modelo para los niños cubanos. En realidad, el Che Guevara era un hombre completamente desprovisto de egoísmo. En mi libro sobre Cuba cuento bastantes anécdotas sobre el Che, sobre esta santidad del Che. El hombre nuevo de Cuba es el mismo hombre nuevo cristiano.

Pregunta: ¿Cómo puede crear el socialismo el hombre nuevo, si veinte siglos de cristianismo no lo han logrado? En tu libro sobre Cuba dices que el argumento de que el socialismo es utópico es el mismo argumento que se podría utilizar contra el cristianismo. Pero obligar a la humanidad a que sea cristiana produce tan pocos buenos cristianos como el socialismo «hombres nuevos» si quisiera producirlos a la fuerza.

Ernesto Cardenal: Yo creo que es al revés: es el sistema de explotación el que hace que a la fuerza seamos malos. Estamos debajo de un sistema en el que no podemos ser buenos. Tenemos que explotar a otros para sobrevivir. En el capitalismo uno es o explotado o explotador, no hay otro remedio. Muchas veces el capitalista es un hombre bueno. El mismo Marx solía decir que los capitalistas no son malos. A veces se da el caso de un capitalista que de por sí es cruel e inhumano, pero lo más corriente es que sea un buen hombre, un buen padre de familia que no quiere el mal de otros. Pero está en un sistema en el que tiene que explotar, tiene que coger la ganancia de sus trabajadores. Sólo con la abolición de este sistema se pueden realizar los buenos instintos del hombre. El hombre tiene en realidad una tendencia al bien. También tiene una tendencia al mal, pero fundamentalmente tiene una tendencia al bien; eso nos enseña el cristianismo; sobre todo con la gracia de Cristo.

El cristianismo no ha logrado el hombre nuevo porque no ha cambiado las estructuras. En parte aún ha ayudado a solidificar las estructuras, porque se ha hecho cómplice de los poderosos. La iglesia oficial, desde Constantino para acá, ha pactado con el estado. Pero esto ha sido sólo una etapa de la iglesia. La iglesia eran también los primeros cristianos que eran revolucionarios y subversivos. Pero luego la iglesia, la instituición eclesiástica, mejor dicho, se hizo cómplice del poder. Sin embargo, yo creo que el cristianismo ha cambiado al hombre, pero ha cambiado nada más que al individuo, y ahora, lo que hace falta, es un cambio de las estructuras. Se necesita el cambio de la sociedad. Yo creo que el cristianismo ha hecho una gran labor cambiando el individuo. El marxismo es un fruto del evangelio. Sin el cristianismo el marxismo no hubiera sido posible, y los profetas del antiguo testamento son los predecesores de Marx. Y me parece que con el cambio del sistema de producción se podrá lograr vivir el evangelio, se podrá crear el «hombre nuevo», o sea, a escala social, no sólo individualmente y en contra de la sociedad. Ahora se trata de cambiar la sociedad, de cosechar el último fruto del evangelio.

Libertad

Pregunta: Aquellos estados que están construyendo una nueva sociedad, evidentemente tienen dificultades con el concepto de «libertad personal», tal como se ha comprendido hasta ahora. Raras veces conceden al individuo un campo de acción propio. ¿Crees que nuestro concepto de «libertad» es falso, o es que estas nuevas sociedades necesitan una temporada más o menos larga de restricción como especie de autoprotección?

Ernesto Cardenal: Sí, yo creo esto último. La única libertad que no existe —y hablo de Cuba, la única forma de socialismo que yo conozco— es la libertad de explotar a los demás, la libertad burguesa pues, que es la libertad del capitalismo, la del dinero. Allí existe verdadera libertad personal en el sentido de que uno no está sujeto a la tiranía económica. No existe la necesidad, para una mujer, de venderse en la calle, nadie tiene la necesidad de vender su trabajo o el de sus hijos. La libertad de prensa, por ejemplo, no existe en Cuba, pero yo considero que la libertad de prensa capitalista no es libertad, sino un monopolio de pensamiento y una manipulación. Hay bastante libertad de crítica en las revistas, sobre todo en las revistas especializadas en su campo, en política y cuestiones sociológicas, etc. En este sentido hay bastante libertad de opinión, siempre dentro del marco socialista. No hay libertad para combatir el sistema, porque consideran que es un atentado contra la misma libertad. Por lo menos ahora, mientras Cuba esté rodeada de peligros y enemigos. Fidel ha dicho que él cree que más tarde publicarán incluso novelas contrarrevolucionarias en Cuba, pero ahora no pueden darse ese lujo porque no tienen suficiente papel. Les hace falta papel para poder publicar libros de texto y libros revolucionarios.

El que no haya parlamento y elecciones presidenciales, yo creo que eso no significa que no haya libertad, porque democracia parlamentaria tenemos en todos los regímenes de todos los países latinoamericanos, hasta en los regímenes-gorila, en las dictaduras. El parlamentarismo no es más que una democracia formal. No está representada por el pueblo, sino que es una comedia. En su tiempo la democracia burguesa fue un progreso en comparación con la monarquía o con el feudalismo. Pero todavía no es la verdadera representación popular. Esta representación popular no se puede dar sin un pueblo liberado de toda explotación económica. En primer lugar, tiene que tratarse de un pueblo que ya no sea analfabeto, porque en países donde el 60, el 70 ó el 80% de la población es analfabeta, el pueblo no puede ser dueño de su destino en absoluto. Después de que el pueblo haya recibido instrucción y haya sido también dueño de los medios de producción y tenga en sus manos la economía de su país, entonces puede participar también en la vida política.

En Cuba, en las fábricas todo se hace por medio de votación y de elecciones. Y los miembros del partido que son los que ejercen el poder, son elegidos en las fábricas, en los talleres, en los centros de trabajo, elegidos por el pueblo, también por aquellos que no pertenecen al partido. De manera que yo creo que allí hay participación del pueblo en la vida política. Y creo realmente que el pueblo allí controla el poder. El poder que tiene Fidel es el poder del pueblo y no el de las armas. Si él no fuera popular, caería inmediatamente porque su único poder es la popularidad. Allí el poder no se compra con dinero y tampoco se mantiene con las armas. Pero debido a que están en pie de guerra y en continuo peligro de invasión, están obligados a ciertas restricciones, en cuanto a la vida individual digamos por ejemplo los viajes, el salir de Cuba, etc. Pero eso no será permanente.

Yo creo que en Cuba hay un clima de auténtica libertad. No será el máximo de libertad a la que puede llegar la revolución. Pero eso es en realidad una libertad mayor que la de estos otros países latinoamericanos, sin caricaturizar la democracia como lo hacemos nosotros.

Ayuda al subdesarrollo

Pregunta: Tú sabes que la iglesia de Europa —la católica y la protestante— tienen programas de ayuda para el tercer mundo. ¿Crees que estos programas tienen algún sentido? ¿Con qué proyectos se puede ayudar más eficazmente, sin que las estructuras caducas se solidifiquen aún más?

Ernesto Cardenal: Yo creo que no puede ayudarse a estos países del tercer mundo si no es con la abolición de la explotación, o sea, de las estructuras capitalistas. Creo que el único camino para salir del subdesarrollo, el único camino para la humanidad, es el socialismo. Todas las otras medidas que se tomen son nada más que unos remiendos, unos parches, que no curan el mal de raíz. En Nicaragua, por ejemplo, hay una organización, «La vivienda de mi hermano», dirigida por un sacerdote, que está construyendo viviendas para la gente que no tiene casa. Solamente han hecho una, como modelo de lo que se va a hacer, y tienen en proyecto 50, pero aunque fueran 100 ó

500, con eso no resuelven el problema. Mientras que no sea abolida la explotación que hace que haya hombres que no tienen vivienda, de nada sirve estar haciendo casas. El capitalismo está fabricando pobres todos los días; en vez de luchar contra la pobreza, lo que hay que hacer es evitar que se fabriquen pobres, que haya producción de pobres.

Pregunta: ¿Conoces las teorías de Iván Illich sobre el subdesarrollo, educación, etc.? ¿Qué piensas de ellas?

Ernesto Cardenal: Naturalmente conozco las teorías de Iván Illich, y me parecen muy valiosas. En el Perú se empieza ya a ponerlas en práctica. La reforma de la educación de la revolución peruana está inspirada por Illich; por Paulo Freire y por Iván Illich. La ley de esta reforma de la educación, que yo la tengo aquí, está sumamente avanzada, probablemente es la más avanzada del mundo, más avanzada, creo yo, que la educación en Cuba y en China. Es la educación desescolarizada de Illich. Claro que no está todavía completamente puesta en práctica, pero tienden a ello, o sea, a la educación sin escuela. Que todos sean maestros y todos alumnos. Eso es bastante difícil ponerlo en práctica, pero en el Perú tratan ya de transformar todos los centros, todos los servicios sociales para que sirvan para la educación, no sólo las escuelas. Es decir, los cines, los estacionamientos de automóviles, los estadios, los hospitales, en fin, todo plantel o establecimiento o edificio público que pueda servir para reuniones es un centro de educación: para aprender idiomas o para aprender oficios o música o cursos académicos, etc. Y la educación no será sólo de los niños, sino será de niños y adultos juntos, y también será de toda la vida y no sólo unos cuantos grados. Una persona puede enseñar su oficio y adquirir al mismo tiempo otros conocimientos teóricos. Todos pueden enseñar algo. En nuestros países subdesarrollados, aun el marginado puede enseñar algo. Puede enseñar medicina con hierbas, puede enseñar cómo se cura una picadura de culebra o cómo construir un rancho de paja, cosas que un profesor o un intelectual no sabe. Son conocimientos que nosotros no tenemos y podemos aprender. Y el obrero y el artesano también pueden enseñar su oficio. En el Perú va a ser obligatorio, además, que todo estudiante aprenda un oficio. La idea es que nadie sea sólo intelectual o sólo trabajador manual, sino que todos trabajen al mismo tiempo con las manos y con la cabeza. Como también lo quieren Fidel en Cuba y Mao en China.

Problemas de la juventud

Pregunta: La juventud de Europa está hoy en un estado de resignación, especialmente la juventud de los países más ricos. Ha tomado conciencia —dentro y fuera de la iglesia— de los problemas del tercer mundo y sus relaciones socio-económicas y políticas. Muchos grupos realizan trabajos de información pública y tratan de presionar a los gobiernos para que cambien su política de desarrollo en lo referente a aranceles, importaciones, créditos, etc. Todo esto es un camino largo y penoso a través de las instituciones. Muchos quieren saber qué pueden hacer ahora mismo y concretamente para luchar contra el hambre, las enfermedades y el subdesarrollo. ¿Qué dices a esta juventud resignada?

Ernesto Cardenal: Pues yo creo que no se debe resignar de ninguna manera, sino que tiene que seguir luchando. Porque en todas las partes se está resquebrajando el poder capitalista. Hasta en los Estados Unidos vemos que hay una revolución cada vez más avanzada. Hay una juventud que está realmente cambiando el sistema de los Estados Unidos. Conforme los viejos se vayan muriendo y estos jóvenes vayan tomando posiciones en el sistema, el mismo sistema irá cambiando, tal vez sin necesidad de violencia.

También podrían venir estos jóvenes a países del tercer mundo, como por ejemplo, el francés Régis Debray que vino a Cuba. A Cuba suelen llegar muchos jóvenes de los países desarrollados, de Europa y de los Estados Unidos. Algunos llegan a trabajar por un tiempo, otros se han quedado.

Pregunta: Pero con ello solucionan solamente sus propias vidas, pero no influyen en absoluto en el cambio de mentalidad de los gobiernos de sus países.

Ernesto Cardenal: Bueno, cada uno debe luchar en su sitio. Todos los revolucionarios hacen la lucha que está en sus manos hacer, pues la revolución está surgiendo en todo el planeta. La revolución al fin y al cabo es mundial. Es una sola revolución. Se está luchando en el Vietnam, se está luchando en América latina, y se está luchando también en los países europeos. Todos queremos ver resultados inmediatos, pero no debe uno resignarse por eso. En Vietnam no perdieron la paciencia ni después de 20 años.

Pregunta: En los Estados Unidos y en Europa existen, además de los movimientos estudiantiles izquierdistas, dos fenómenos juveniles: los *Jesus-People* y los grupos *hippies*. ¿Crees que estos dos grupos se distinguen principalmente entre sí y qué significado tienen en tu opinión?

Ernesto Cardenal: No creo que los *Jesus-People* sean exactamente lo mismo que los *hippies;* se los podría considerar tal vez como una rama de los *hippies*. No todos los *hippies* tienen este interés religioso. Muchos de los *hippies* no buscan la religión en Jesús, sino en la droga, en el sexo, en la música o en muchas otras cosas. Creo que en el fondo todos los *hippies* son religiosos. Me parece que una de las corrientes de los *hippies* es la «Revolución de Jesús», como ellos lo llaman. Yo creo que los *hippies* presentan algo positivo que es el repudio del *establishment*. Pero yo considero que para los pueblos subdesarrollados, como el nuestro, es un movimiento que no tiene ningún sentido.

Y creo que tampoco el movimiento de la «Revolución de Jesús» tiene sentido en nuestros países. Yo creo que el vacío religioso que hay en la sociedad de consumo los lleva a esa búsqueda mística. Pero se quedan nada más en un formalismo religioso. Para mí, la religión como religión ya está superada. Las formas religiosas en realidad pertenecen a sociedades primitivas. El cristianismo de suyo no es una religión sino la práctica del amor, la realización de la fraternidad humana. Esta es la verdadera religión del cristiano. Los ritos, la liturgia, las formas religiosas pueden servir para eso, y en ese sentido pueden ser buenas, pero si no sirven para eso, entonces no nos interesan. La religión en América latina todavía puede servir. La religión popular, las procesiones y las devociones del pueblo pueden servir para la liberación. Pero llegará el momento en que el pueblo supere esta etapa religiosa.

Los *Jesus-People* son un retroceso a las formas primitivas de la religión; se quedan en la superficie y están despolitizados. Los *hippies* en cambio, o al menos algunos de ellos, los verdaderos, buscan la mística y la contemplación. Pero el cristianismo de por sí ya está superando esta etapa ritual.

Pregunta: A pesar de que los dos grupos tienen fuertes elementos religiosos, la iglesia oficial los mira con mucha reserva, si es que no los rechaza. ¿Qué piensas sobre esta «estrategia política» de la iglesia?

Ernesto Cardenal (riendo): Bueno, la iglesia oficial casi siempre ha rechazado todo lo bueno. La iglesia oficial también rechaza al verdadero cristianismo. Muchos santos y místicos han sido rechazados por la iglesia oficial; en su día también rechazó a Camilo Torres.

Pregunta: ¿Los *Jesus-People* o los *hippies* serían bien recibidos aquí en Solentiname?

Ernesto Cardenal: Bueno, aquí son bien recibidos todos, pero preferimos que vengan en pequeño número. No podemos tener una gran afluencia de visitantes, por la cuestión de nuestras posibilidades económicas. Afortunadamente estamos un poco lejos, y es muy difícil el transporte para venir aquí. Así los visitantes que tenemos nunca han sido muy abundantes. Pero hemos tenido visitas de *hippies* muy interesantes.

Una vez pasó por aquí un santo *hippie* que se llamaba el hermano Juan. Era norteamericano; no conocemos su verdadero nombre, pero le llamaban el hermano Juan. Es bastante conocido en toda América latina, porque por donde ha pasado, su figura ha sido inolvidable. Otros *hippies* peregrinos que han pasado por aquí nos han contado de él y de su fama en Bolivia, en Titicaca, en los Andes, en Colombia. Otros han sido enviados por él. Tenía un espíritu verdaderamente franciscano y viajaba con un voto de pobreza. Al comienzo, durante los primeros años de su peregrinación, también había hecho el voto de no pedir dinero, o sea, no sólo de no usar dinero sino tampoco de pedirlo, ateniéndose únicamente a lo que le dieran, sin pedir él. Ya después se sintió lo suficientemente liberado como para mendigar. Ahora, cuando necesita algo, pues lo pide. Y así ha recorrido —hasta en avión y en barco—

toda América latina, sin un centavo propio. Vino aquí a Solentiname y después de un tiempo se fue con toda tranquilidad, sin un centavo. También tenía un gran don de gente, se hacía amigo de todo el mundo, con una flauta que tocaba y también con su conversación. Llevaba una especie de ornamento sacerdotal muy extraño y una cabellera muy hermosa como la de Cristo, como la imagen convencional de Cristo. La gente le rodeaba siempre en la calle, y él les contaba del amor, porque decía que su misión era esa: predicar el amor en todas partes. Comenzaba a tratarle a uno de hermano, de hermanito, de hermana, y empezaba a exponer una filosofía muy bella, muy evangélica como la de Jesucristo y al mismo tiempo como la de san Francisco de Asís. Le invitaban siempre a comer o a dormir o le llevaban en los autobuses y automóviles, en toda clase de transportes. Cuando quería ir a algún sitio, paraba un autobús y le contaba al chófer que tenía voto de no usar dinero y pedía que lo llevaran gratis. Y el chófer, generalmente, lo sentaba a su lado a conversar con él durante todo el viaje. Cuando llegó a Managua, un mendigo le llevó a conocer toda la ciudad. Le enseñó la catedral y los parques y todos los monumentos. También en Solentiname dejó un recuerdo imborrable. El nos dijo que la mayoría de los *hippies* eran falsos, pero había algunos que eran auténticos, y si los encontraba les iba a recomendar que vinieran para acá. En Colombia alguien le pagó el viaje a la isla de San Andrés. Allí oyó hablar de Solentiname y se fue a ver al párroco para pedirle dinero para un viaje a Nicaragua porque quería hacer una peregrinación a Solentiname. Y el párroco ni sabía qué era Solentiname pero le regaló el viaje. Luego se fue a Costa Rica porque iba a esperar algún barco en el Pacífico que le llevara a la India.

Propiedad privada, matrimonio, celibato

Pregunta: Si lo mío y lo suyo, o sea, la propiedad privada, es la raíz de todos los males, como dices en tu libro sobre Cuba, ¿no es entonces también el matrimonio y el celibato del sacerdote un mal, puesto que tienen su origen y su base en la propiedad privada y en la jerarquía?

Ernesto Cardenal: Bueno, en el fondo no soy yo el que dice que la raíz de todos los males es la propiedad privada; son los santos padres que lo han dicho. Y según el marxismo es sólo injusta la propiedad privada de los medios de producción y no la de los bienes de consumo. En la Unión Soviética o en Cuba uno puede tener su casa propia o su automóvil y todas las cosas de uso personal. Pero uno no puede tener un ferrocarril o una fábrica porque eso es poseer hombres y mantenerlos en la dependencia.

Pregunta: Sí, pero la pregunta era si no se encuentran las mismas estructuras dentro de la familia, ya que normalmente la mujer y los hijos son para el hombre, para el patriarca, se puede decir, al mismo tiempo propiedad de consumo y también medios de producción.

Ernesto Cardenal: Indudablemente, en el socialismo también tiene que haber un nuevo tipo de familia. El matrimonio no puede ser el matrimonio burgués, sino una unión con una base de igualdad y de los mismos derechos, para poder servir, sobre esta base, también a los demás.

Este es también el sentido cristiano del matrimonio. Cada uno de los cónyuges no se casa sólo con el otro sino también con Cristo, y casarse con Cristo quiere decir casarse con la comunidad humana. Y el celibato es renunciar al matrimonio individual para casarse con la comunidad. Durante los primeros siglos, el celibato no era obligatorio, y creo que tampoco ahora debía ser obligatorio. Creo que debe ser por libre decisión. Pero creo también que el celibato puede ser útil tanto para el cristiano como para el revolucionario. Por motivos prácticos pero también por motivos espirituales, para concentrarse mejor en su tarea, para servir mejor a la comunidad. Yo creo que el celibato es realmente revolucionario. Creo que eso quería decir también Fidel cuando habló conmigo aquella noche y cuando dijo que las cualidades de un buen sacerdote son también las cualidades de un buen revolucionario.

Pregunta: ¿Cómo crees tú que podría encontrarse una nueva forma de familia en el socialismo?

Ernesto Cardenal: Primero tiene que liberarse la mujer. En una auténtica revolución también la mujer está liberada. En Cuba, esta liberación es ya una realidad. Allí, la mujer casi siempre trabaja, y esto crea la base para estar en un plano de igualdad con el marido. En el sistema nuestro, el sistema latinoamericano, y también el de otras partes, es que el hombre gane el pan para la familia, y la mujer está para el servicio doméstico. Entonces el hombre está en una situación de superioridad, en la situación del explotador muchas veces. Pero si la mujer trabaja y sostiene la familia igual que el hombre, está en un plano de igualdad. En la sociedad socialista, la mujer está liberada de los servicios domésticos, y el estado resuelve en una forma práctica los quehaceres como el lavado, la cocina, el cuidado de los niños. Estas son las bases para la liberación de la mujer, a las cuales tiene que seguir luego el proceso interior de una nueva relación entre los sexos.

Pregunta: ¿No te parece que hasta los mandamientos van en contra de un cambio de las estructuras? El décimo mandamiento que dice: «No codiciarás...», ¿no va contra los pobres y en favor de los ricos? Creo que en nuestra sociedad todavía se usan los diez mandamientos como argumento para las prácticas capitalistas.

Ernesto Cardenal: Los diez mandamientos de la Biblia son absolutamente sociales. El pecado es siempre la injusticia. Por ejemplo, el cumplimiento del sábado es para que se diera descanso al trabajador. Si en el caso del décimo mandamiento los pobres, los explotados pujan por un cambio de estructuras, no «codician» lo que pertenece a otros, sino simplemente quieren recuperar lo suyo. Los capitalistas no tienen derecho a tener lo que tienen. Ellos se han apropiado de los bienes de los demás, y eso es un robo. No se trata de sus bienes de uso personal sino del capital, de medios de producción, de la tierra que el capitalista no trabaja. Y de la tierra viene todo lo demás. Lo primero era la propiedad de la tierra, y la tierra ha sido robada. Un señor feudal no había producido la tierra que poseía. Se la quitó a los pobladores que allí había. Y después, esta riqueza robada fue la que se transformó en riqueza industrial, al principio de la época industrial. La posesión de tierras se transformó en posesión de fábricas. Pero el origen había sido un robo, un despojo.

Además, los mandamientos ya no rigen para nosotros. Desde que vino Cristo hay sólo un mandamiento que es el del amor. Los diez mandamientos antes han tenido una función, y su función ha sido exclusivamente social. El mexicano José P. Miranda dice en su libro *Marx y la Biblia* [1], en un capítulo sobre los mandamientos, que los mandamientos son marxistas; incluso el primer mandamiento de amar a Dios. Amar a Yahvé sobre todas las cosas es amar la justicia. Yahvé significa simplemente la liberación futura, y esto es lo que todos los hombres deben amar sobre todas las cosas. Y así todos los demás mandamientos son, según él, mandamientos contra la explotación: la explotación en la familia, la explotación sexual, y también la explotación

---

1. Ediciones Sígueme, Salamanca ²1975.

respecto a la propiedad. Si la iglesia ha dicho alguna vez otra cosa, esto es monstruoso.

Socialismo y evangelio

Pregunta: Ahora la iglesia por fin parece acordarse de su verdadera misión pero ¿no llega un poco tarde? La iglesia raras veces nos guía como pretende; desde el caso de Galileo va casi siempre detrás de los acontecimientos del mundo.

Ernesto Cardenal: No la iglesia, sino la institución eclesiástica. Porque no sabemos cuál es la iglesia. Yo creo que también los comunistas pertenecen a la iglesia. San Agustín decía que había cristianos desde el comienzo del mundo, aunque no se llamaran así. Yo creo que la verdadera iglesia de Cristo incluye a muchos que no se consideran dentro de la iglesia, incluso a los que se entienden como ateos. Y hay muchos que no pertenecen a la iglesia aunque pueden estar en la curia romana. A nosotros, los cristianos, nos toca enmendar eso, nos toca luchar contra una iglesia que cojea detrás del desarrollo del mundo. Nos toca poner el dedo en la llaga.

Los santos en la historia de la iglesia siempre han protestado contra la prostitución de la iglesia. San Bernardo decía que los obispos que vivían como ricos habían hecho de la esposa de Cristo una prostituta. Iván Illich escandalizó bastante en Lima cuando, en una

Ernesto Cardenal

Rancho de la región de Solentiname

Ernesto Cardenal conversando con los campesinos de las islas de Solentiname

El poeta colombiano William Agudelo, miembro de la comuna

Ernesto Cardenal, William Agudelo y Juan, el hijo de éste

Miembro de la comuna de Solentiname

La iglesia de Solentiname

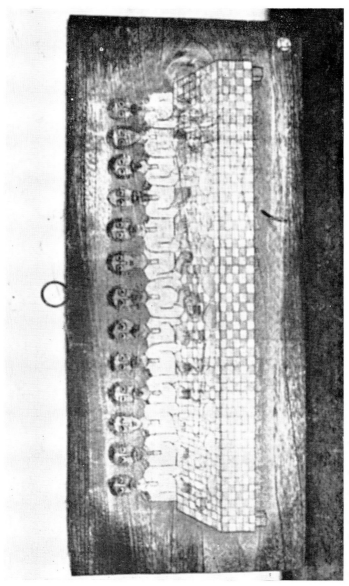

Pirograbado realizado en la comuna

«*Los Bandidos de Dios*», *una pequeña orquesta
formada por los jóvenes de Solentiname*

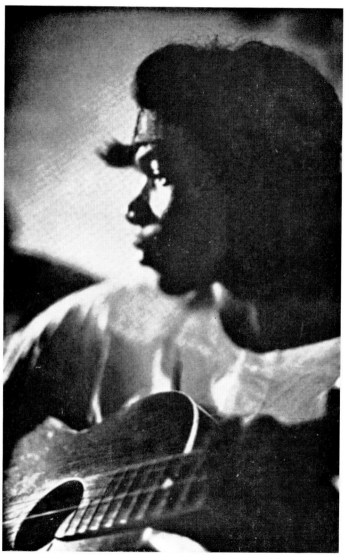

Elvis, hijo de un campesino de la región

La biblioteca de Ernesto Cardenal:
ociología, literatura, política, teología...

Ernesto Cardenal

En el pequeño barco de la comuna

Rancho donde Ernesto Cardenal vive y trabaja

JÚLIO · MARINA

Arte popular realizado en Solentiname

Alejandro, uno de los componentes de la comuna

entrevista, los periodistas le preguntaron lo mismo y él contestó que nosotros, los cristianos, éramos al mismo tiempo hijos de una virgen y de una puta. Y creo que eso es la verdad. Desde Constantino la iglesia se prostituyó acostándose con el poder, como lo expresó también alguien en Chile. Creo que esa denuncia la debemos hacer.

Ahora, en parte también había falta de comunicación, había incomprensión. Si Marx hubiera leído los escritos de los cristianos, y si León XIII hubiera leído a Marx, no existiría hoy este conflicto entre marxismo y cristianismo. Pero ni a Marx le interesaba la iglesia, ni a León XIII le interesaba Marx. A pesar de ser él tan culto, escribió su encíclica sin haber leído *El Capital* que por aquel entonces ya tenía 50 año de publicado. Y si hoy vemos que alguna de las enseñanzas de la iglesia no está de acuerdo con el evangelio, no debemos seguirla, sino obedecer a nuestra conciencia. La iglesia no es sólo la institución eclesiástica, sino también lo son muchos teólogos avanzados, lo son los sacerdotes obreros y los revolucionarios que trabajan para el futuro. Me parece incluso que éste es el grupo más avanzado de la iglesia, y el que merece más confianza también. Y creo que este grupo es el que está inspirado directamente por el Espíritu santo, o mejor dicho, el que es más fiel al Espíritu santo. El Espíritu santo siempre es avanzado.

Los ricos de izquierdas

Pregunta: ¿Qué piensas sobre la pobreza en general y sobre los «ricos de izquierdas» en particular?

Ernesto Cardenal: Creo que un rico sólo puede salvarse si trabaja por la revolución, por el cambio, con todas las posibilidades que él tiene más que otros. Pero no le favorece en absoluto a la revolución si se desprende de todo, si regala su última camisa.

Naturalmente hay muchos ricos que gritan «revolución, revolución» como los de la Biblia que gritan «Señor, Señor», y ni siquiera les pasa por la cabeza usar su dinero y su poder para la lucha revolucionaria. Me parece que la pobreza hay que definirla así: estar desprendido, estar independiente de las cosas. El rico que lucha por la revolución debe saber que puede perder todo lo que tiene, a veces hasta su propia vida.

Acabo de leer ayer un pasaje sobre la pobreza, que escribe Gustavo Gutiérrez en su libro *Teología de la liberación* [2]. Dice en primer lugar que «pobreza» es una palabra ambigua: que lo mismo quiere decir una situación degradante (la pobreza de los pueblos explotados) que un ideal humano y religioso; y lo mismo quiere decir una situación material que una situación espiritual. El despeja esas ambigüedades estudiando lo que es la «pobreza» en la Biblia. La pobreza material en la Biblia es algo escandaloso que hay que combatir y que no debe existir en el pueblo de Dios. La pobreza con-

2. Ediciones Sígueme, Salamanca [7]1975.

tradice el sentido mismo de la religión mosaica. Dios quería hacer de Israel un pueblo fraterno en el que no hubiera pobres. La existencia de la pobreza es una ruptura de la solidaridad entre los hombres e impide la comunión con Dios. Existe también en la Biblia la pobreza espiritual, que es la de aquellos que son pobres ante Dios, los humildes; es la pobreza de las bienaventuranzas. Y entonces, dice Gutiérrez, si la pobreza material es algo repudiable, como aparece en la Biblia, el testimonio de pobreza no puede ser un ideal cristiano. Sería también ir contracorriente en la historia, porque el mundo moderno también rechaza esa pobreza, igual que la Biblia. Y por último sería también justificar la explotación que produce esa pobreza. La pobreza cristiana, para Gutiérrez, es solidarizarse con los pobres y luchar contra la pobreza. En otras palabras: ser revolucionario.

Y él dice que es mejor no usar esta palabra «pobreza» para designar un ideal de vida, porque es confusa, y porque en el mundo actual «pobreza» quiere decir una situación infra-humana contra la que hay que luchar. Cita una frase de santo Tomás, de que la perfección no es esencialmente la pobreza sino la imitación de Cristo, y también dice que en nuestros días el testimonio cristiano lo damos optando por el oprimido en contra del opresor. Y solidarizarse con el pobre quiere decir naturalmente renunciar a muchas cosas, a la propia clase social muchas veces, a privilegios y comodidades, y puede significar también arriesgar muchas cosas, incluso la vida.

Pero el ideal no es la indigencia sino la abundancia; pero una abundancia bien repartida. Hay una frase bonita de Mounier, que también cita Gutiérrez: «Después de que la humanidad experimentó la pobreza espiritual por medio de la pobreza material, ahora está llamada a algo más difícil y es el practicar esa pobreza espiritual en la abundancia material».

Pregunta: Y una última pregunta: ¿no hay una contradicción entre el Dios de la Biblia y el concepto de Dios del marxismo-leninismo?

Ernesto Cardenal: Para mí, el Dios de la Biblia es también el Dios del marxismo-leninismo. Existen dos clases de ateísmo, y por ello existen también dos clases de materialismo. El Dios de la Biblia es el Dios que se ha encarnado en el hombre. Es el Dios que sólo podemos comprender a través del amor por los hombres. No podemos tener contacto directo con él. San Juan dice: «El Dios a quien nadie ha visto». Y la opinión de los marxistas me parece muy similar a la de San Juan: «Nadie ha visto a Dios».

El verdadero ateísmo, la verdadera negación de Dios son para mí la Esso y la Standard Oil, eso es el materialismo ateo en el sentido en que debemos entender la negación de Dios. La Dow-Company, la que gana su dinero fabricando napalm, esa es la verdadera negación de Dios.

Sobre poesía, revolución e iglesia

Un marxismo con san Juan de la Cruz *

Sobre la poesía

No me gustan las entrevistas. Y no me gusta mucho hablar de literatura. Me interesa la literatura al servicio de algo más grande que ella. Yo renuncié a la literatura cuando entré a un monasterio trapense. Entonces para mí eso más grande era Dios. Pero yo no había entendido bien las Escrituras. Después he comprendido que a Dios no se le ama directamente: sólo se le conoce, en el sentido bíblico (o sea, se le posee), a través del hombre. San Juan insiste en que nadie ha visto a Dios. Dios vino al hombre en la persona de Jesucristo. Pero no nos debemos equivocar tampoco con la persona de Jesucristo: ahora Jesucristo es el pueblo.

En la trapa me orientó mucho en esto mi maestro de novicios, que era Thomas Merton. Mi estancia allí fue de dos años y pico. Después he tenido otra expe-

* Entrevista publicada originalmente en la revista *Crisis* de Buenos Aires, Argentina.

riencia muy importante en mi vida y fue mi viaje a Cuba. Allí me convencí de que la salvación estaba más cerca de lo que nosotros creíamos.

Me interesa la poesía, sí, y es lo que más hago, pero me interesa de la misma manera en que les interesaba la poesía a los profetas. Me interesa como un medio de expresión: para denunciar las injusticias, y anunciar que el reino de Dios está cerca.

Sobre la revolución y la misión de la iglesia

Los hombres no pueden ser hijos de Dios si antes no son plenamente hombres. En condiciones infrahumanas no puede florecer la santidad. Por eso la primera tarea del cristiano ahora es hacer la revolución. La lucha revolucionaria es una lucha sacerdotal, como dijo Camilo Torres.

La iglesia tiene una misión muy importante en estos momentos en América latina. Y yo creo que a ella le toca, sobre todo, predicar el comunismo. El obstáculo más grande que tiene la revolución en América latina es el miedo al «comunismo». Aun los pobres tienen ese miedo. Conocí a un campesino en Nicaragua, muy pobre, que tenía miedo al comunismo porque le iban a quitar las gallinas. La iglesia ha contribuido en gran medida a meterle a la gente ese miedo. Ella puede ser ahora un factor muy importante para quitar ese miedo, y así acelerar la revolución. Por eso yo siempre que puedo predicar ante un público numeroso en una iglesia (no siempre puedo) lo hago mencionando la palabra comunismo, y hablo a favor del comunismo.

Además el comunismo es profundamente cristiano. Es más, es la esencia del cristianismo. La palabra comunión es lo mismo que comunismo. San Pablo usa una misma palabra griega *koikonía* para la comunión eucarística y para la comunidad de bienes. Y usa también la misma palabra para la unión de los hombres con Dios: lo que él llama la comunión (o comunidad de bienes) del Espíritu santo. O lo que podríamos llamar: el comunismo que hay entre los hombres y Dios. Por cierto que para Pablo la puesta de bienes en común y la eucaristía y la comunión con el Espíritu santo son una misma cosa, y cuando en la epístola a los hebreos habla de la puesta en común de los bienes dice que ése es el sacrificio que agrada a Dios. Como quien dice: la verdadera misa.

Sobre cristianismo y comunismo

El comunismo según Marx, la sociedad en la que ya no habrá egoísmo ni injusticia de ninguna clase, es lo mismo que los cristianos entendemos por reino de Dios en la tierra. Y el comunismo como lo entendió Marx («de cada uno según su capacidad, a cada uno según sus necesidades») es el sistema social de los primeros cristianos. Los Hechos de los Apóstoles dicen que ninguno decía que las cosas fueran suyas porque todo era de todos, «y se repartía a cada uno según sus necesidades».

Cuántas confusiones ha creado la propaganda capitalista. Yo me he encontrado gente culta que me ha dicho: «Yo estoy de acuerdo con el marxismo pero no con el comunismo». Por comunismo entienden stalinismo. Que es como entender por evangelio, la inquisición.

Y no sólo en América latina. Acabo de estar en Alemania, y cuando en mis intervenciones públicas yo hablaba de marxismo siempre había alguien que atacaba el marxismo citando el caso de la Unión Soviética. Yo tenía que recordarles que Marx no era ruso sino alemán. Lo que quería decir que el marxismo era universal, pues había un marxismo muy ruso, y otro muy chino, y otro cubano que era muy latinoamericano, y también iba a haber un marxismo alemán.

En un famoso monasterio benedictino, en Alemania, los monjes se espantaron porque yo defendía el comunismo. Les tuve que recordar que ellos eran comunistas, según su regla de san Benito. Tenían todas las cosas en común. Les recordé un capítulo de su regla, donde san Benito condena lo que él llama «el infame vicio de la propiedad privada». Discutieron conmigo hasta muy avanzada la noche, pero al final me dieron la razón.

En América latina se están uniendo cristianos y marxistas para hacer la revolución, y esto es una cosa nueva en el mundo. Yo creo que éste será el gran aporte de América latina a la revolución mundial. Se trata de un cristianismo distinto del que era antes, un cristianismo que no es antirrevolucionario; y un marxismo distinto que no es anticristiano.

Fidel ha dicho que un cristiano podía ser revolucionario. Y el Che dijo que cuando los cristianos fueran realmente revolucionarios la revolución de América latina sería invencible. Después de esta experiencia latinoamericana, ni cristianismo ni marxismo van a volver a ser lo mismo que antes.

En Venezuela oí decir a un viejo líder del partido comunista que ahora que los cristianos se estaban haciendo revolucionarios iba a ser posible la revolución en América latina. Que ellos antes habían creído que la revolución se podía hacer sin los cristianos pero que en eso no habían sido buenos marxistas, porque no habían tomado en cuenta que el pueblo era cristiano y que una revolución así tendría que ser una revolución sin el pueblo y por tanto una falsa revolución (Estábamos en una gran reunión de gente humilde que en su mayoría eran cristianos y revolucionarios).

Y Fidel me dijo en Cuba que el aporte de los cristianos no sólo era importante para lograr el triunfo de la revolución, sino que lo era más todavía para después, «para los sacrificios que exige el establecimiento del socialismo».

Si los marxistas necesitan de los cristianos para el establecimiento del socialismo, también los cristianos necesitan del marxismo para el establecimiento del reino de Dios en la tierra. Para que se pueda celebrar válidamente la eucaristía, como decía Camilo Torres.

Garaudy, el comunista francés, se ha atrevido a

decir que así como el cristianismo sin el marxismo estaría incompleto, también estaría incompleto un marxismo sin san Juan de la Cruz.

Sobre la teología de la liberación

Otro de los grandes aportes nuevos de América latina es la teología de la liberación. La teología de la liberación no es un capítulo más de la teología tradicional, inventada ahora en América latina, como suelen creer los teólogos europeos. Así como hay teología del matrimonio, teología de la iglesia, teología del sacerdocio, teología del trabajo, etc., ellos suponen que la teología de la liberación es un apéndice más de la teología tradicional aplicada ahora al tema de la revolución. Y no es así. Esta es una teología enteramente nueva, que replantea, a la luz de la revolución, todos los temas de la teología tradicional: Dios, Cristo, la iglesia, el sacerdocio, el matrimonio, el trabajo, en fin todo.

Esta es una teología de la clase oprimida, mientras que la otra es de la clase dominante. No está hecha por teólogos profesionales y para otros teólogos profesionales, como la otra. Sino que suele ser fruto de reflexiones comunitarias, y es elaborada por personas que pertenecen a comunidades revolucionarias, y para uso de esas mismas comunidades. Esta teología no se suele hacer en libros, sino en pequeñas revistas, folletos humildes, papeles mimeografiados. Y como señala

Giulio Girardi (precisamente en unos de estos papeles mimeografiados) mientras la otra teología es puramente intelectual, ésta no se puede hacer si uno no está comprometido con una praxis revolucionaria. La otra teología se auxiliaba de la filosofía (aristotélica). Esta se auxilia de la ciencia (el marxismo). La otra teología se basaba en la palabra de Dios (en la Biblia), ésta se basa igualmente en la Biblia pero también en la palabra de Dios expresada en los acontecimientos actuales, en el periódico, es decir, en el terreno de la política. Porque como hacer ver el mismo Jules Girardi, que es uno de los teólogos de la liberación, nuestro Dios es un Dios vivo, que sigue hablando en la historia, que no se calló después del último libro de la Biblia.

Esta teología también se basa en la Biblia, pero con una nueva interpretación de la Biblia. No es que creamos que la Biblia se puede interpretar de cualquier manera. Pero hay una interpretación revolucionaria de las Escrituras, como también hay una que es contrarrevolucionaria. La frase de Cristo de poner la otra mejilla, puede ser interpretada como que no hay que luchar contra los que oprimen al pueblo. Aquí, en Solentiname, comentamos todos los domingos el evangelio con la gente, y una vez que se trató esa frase, un joven campesino de nuestra comunidad, Laureano, la interpretó así: «Quiere decir que si la revolución le ha quitado a un rico una propiedad, él debe entregar la otra propiedad» [1].

1. Estos comentarios del evangelio se han publicado en *El evangelio en Solentiname,* Sígueme, Salamanca [2]1976.

Sobre el marxismo

Soy un marxista que cree en Dios y en la vida después de la muerte. Creo que esto no se opone al marxismo sino que lo complementa. Como dijo nuestro poeta Coronel Urtecho aquí en Solentiname, en uno de estos comentarios del evangelio con los campesinos: «El dogma de la resurrección de la carne significa que la revolución no acaba en este mundo, que el comunismo sigue después de la muerte».

Y yo repito a Porfirio Miranda, que en su libro *Marx y la Biblia*[2], dice que si no triunfamos sobre la muerte triunfaría definitivamente el *statu quo*.

Marxismo y cristianismo no son incompatibles; lo cual no quiere decir que los confundamos, porque no son lo mismo. Democracia y cristianismo no son incompatibles, y eso no quiere decir que sean lo mismo. Pero en América latina ya no tiene sentido hablar de cristianos y marxistas: porque ya hay tántos cristianos que son marxistas. Teilhard de Chardin había profetizado que cristianos y marxistas se encontrarían en la cima; eso ya ha sucedido en América latina.

Creo que América latina producirá unos tipos nuevos de marxismo, muy peculiares y muy interesantes. Cuba produjo ya la primera modalidad. Y habrá otras modalidades. El marxismo según Lenin, es el «análisis concreto de las condiciones concretas».

2. J. P. Miranda, *Marx y la Biblia*. Crítica a la filosofía de la opresión, Sígueme, Salamanca [2]1975.

El marxismo fue anticristiano, pero es porque el cristianismo era antirrevolucionario.

Pero la verdad es, como dice el apóstol Santiago, que los que persiguen a los cristianos son los ricos.

Yo creo, como dice el padre Camilo Torres, que no se puede ofrecer en forma auténtica el sacrificio de la misa si antes no se ha realizado en forma efectiva —o sea, con la revolución— el amor al prójimo.

No podemos sentarnos a la misma mesa para la eucaristía si estamos divididos en clases. Esa «no es la cena del Señor» como dice san Pablo.

El socialismo es un sistema económico que hace posible vivir el evangelio. Vivirlo en la sociedad, sin que uno se tenga que retirar al desierto, o a la vida religiosa.

«Se trata de que reine la igualdad», como dice san Pablo en la epístola a los corintios.

El socialismo no era posible en la edad media, allí sólo era posible el feudalismo, y san Benito lo que hizo entonces fue fundar monasterios.

Yo creo, como dice el teólogo norteamericano Jordan Bishop, que la iglesia tiene que ser el sacramento, el signo de una sociedad socialista, de una sociedad sin clases.

Marx y la religión son incompatibles. Pero no Marx y la Biblia. El mensaje de la Biblia es completamente marxista, aun en lo que se refiere a la religión. Hay que leer el libro que escribió el teólogo mexicano Porfirio Miranda: *Marx y la Biblia*. Como él lo hace ver muy bien, el Dios de la Biblia está siempre diciendo a través de los profetas, que él no quiere culto, que está aburrido de las plegarias, de las oraciones, de los sacrificios, del incienso, de los ayunos. Lo que quiere es que se rompan las cadenas de los oprimidos, que no se despojen a los huérfanos y a las viudas, que haya justicia entre los hombres. Y el mensaje que predicó Cristo es en la misma línea.

El cristianismo en realidad no es una religión. Su culto religioso es socorrer a los huérfanos y a las viudas como dice Santiago. Todavía en el siglo III Minucio Félix decía: «Los cristianos no tenemos ni templos ni altares». Y los romanos consideraron ateos a los primeros cristianos. Porque ante las religiones el cristianismo aparecía como un ateísmo. Después adoptó formas religiosas porque la humanidad aún necesitaba de religión. Y todavía los sectores más primitivos la necesitan.

El cristianismo no es una religión sino una fe. Y el marxismo es una ciencia (y una práctica de esa ciencia). Y no tiene por qué haber contradicción entre la ciencia y la fe —eso se ha sostenido tradicionalmente en el cristianismo—.

También puede hablarse del marxismo como filosofía. Y podría haber una contradicción, o no haberla. Ahora teólogos latinoamericanos están haciendo una teología con esa filosofía, que está más cerca de la Biblia que de la de Aristóteles.

Y en América latina no sólo hay una teología marxista. También empieza a haber una teología mística marxista. Cuando yo estuve en Chile me llegó a ver a mi hotelito un religioso y medijo: «Usted dijo anoche en la televisión que un cristiano puede ser marxista. En Chile algunos sacerdotes y religiosos decimos otra cosa: que actualmente un cristiano, para ser auténticamente cristiano, debe ser marxista». Por cierto que cuando le conté después al presidente Allende que había oído esto en Chile se asombró mucho. Después se lo conté a Fidel, en la conversación que tuve con él en La Habana, y Fidel en cambio no se sorprendió en absoluto, me dijo: «¡Por supuesto!».

Bueno, ese religioso que me llegó a ver me dijo también: «Nosotros creemos que la religión es funesta y debe acabar. La humanidad ahora es como una niña de 12 años. Antes esta niña jugaba con muñecas; le gustaban los cuentos de hadas; estaba totalmente dependiente del papá y la mamá. Eso fue la religión en la infancia de la humanidad. Pero ahora la niña ha crecido y ya no quiere jugar con muñecas. También quiere hacerse independiente, y cree que se basta sola. Este es el ateísmo al que está entrando ahora la humanidad, y es un progreso en su desarrollo. Pero la niña de 12 años todavía no es una mujer. Un día su cuerpo habrá madurado más, y entonces se sentirá sola y que no está completa y sentirá la necesidad de amar. Allí aparece Dios, el esposo que se desposará con esta humanidad. Ahora todavía no hay humanidad: sólo hombres. El cuerpo de la niña tiene que desarrollarse más. Por ahora no conviene perturbarla hablándole mucho del esposo, ella todavía no siente la necesidad de él. Y en realidad ahora lo único que importa es que se haga mujer. Por eso la única prioridad ahora es la revolución. Formar la humanidad completa. Pero conviene hablar de vez en cuando a la niña de su futuro matrimonio, para que no crezca egoísta, o se haga lesbiana, o, se desespere en su adolescencia sintiéndose sola y se suicide. Esa es la función del contemplativo. Aun los ermitaños tienen un papel revolucionario muy importante. No todas las células del cuerpo maduran al mismo tiempo; algunas células sexuales pueden madurar antes y sentir ya desde ahora la necesidad de esa unión: esos son los contemplativos. Esa unión ya se consumó, individualmente, en la persona de Jesucristo. Después se va a consumar en la humanidad entera. Pero la tarea inmediata es la revolución».

Este religioso pertenecía al MIR y andaba armado. Me dijo que estaba casi en la clandestinidad. Eso me sorprendió mucho. Era en 1971. Ahora, después del golpe fascista, comprendo por qué ya desde entonces andaban así.

Sobre el golpe militar de Chile

Claro que eso no va a quedar así. Allí va a haber lucha. Era un país con una inmensa población revolucionaria. Y eso fue lo que más me impresionó. Recuerdo que cuando Allende me recibió en aquel lujoso palacio ahora destruido y quemado, me preguntó qué me había parecido el proceso de Chile; y le dije que lo que más me había impresionado era ver tanto espíritu revolucionario, y que mucha gente me había dicho, aun señoras que me había encontrado en la calle, que irían a la clandestinidad o a la guerrilla si a él lo derrocaban. Y recuerdo muy bien que vi una sombra en el rostro de él cuando yo dije lo del derrocamiento. Seguramente él ya sabía bien...

Sobre la iglesia

Los que están con el poder y el dinero no pertenecen a la iglesia de Cristo. En realidad están fuera. En cambio Cristo dijo: «Tengo otras ovejas que no están en este aprisco». Esas otras ovejas son los que luchan por la justicia sin ser cristianos. Son la otra iglesia de Cristo.

Cuando yo esuve en Chile acababa de estar allí el padre Blanquart, sacerdote obrero de Francia, y marxista, y él había dicho en la Universidad Católica que la iglesia del futuro iba a ser muy distinta de la de ahora: una iglesia compuesta sólo de revolucionarios. Yo así lo creo. Ese cristianismo será casi irreconocible... Más bien como el de los primeros cristianos.

Sobre el materialismo

En Cuba vi que toda la gente comía lo mismo por medio de una libreta de racionamiento. Todos se vestían con la misma calidad de ropa. Todo el mundo tenía servicio médico (gratuito). Todos tenían la misma oportunidad de educación, incluso la educación universitaria. Nadie estaba sin techo. No había prostitución, ni mendigos, ni desocupados. Todos los niños en Cuba recibían juguetes en navidad, un juguete grande y dos pequeños, que el mismo niño o niña escogían en la tienda, y era la misma calidad de juguetes para el niño de un alto funcionario o el de un campesino. Cuando yo después conté todo esto y expresé mi admiración por la revolución cubana, un hombre de letras que es millonario me atacó diciendo que yo me había deslumbrado por el «materialismo marxista» y que había olvidado aquello de que «no sólo de pan vive el hombre». Y él era millonario.

Otra de las confusiones es creer que el materialismo dialéctico es igual al materialismo del positivismo. El materialismo positivista se opone al espiritualismo. El materialismo marxista a lo que se opone es al idealismo, y debería llamarse más bien realismo. Con mucha razón me dijo Fidel esa vez que hablé con él: «El materialismo marxista es más espiritualista que el positivismo, ¿verdad?». Y en verdad el marxismo de Marx es espiritualista, como lo es el de Fidel, y el del Che.

El materialismo marxista se opone al idealismo. Se opone también a un Dios *idealista*. La Biblia se opuso también tenazmente a la deidad idealista y le llamaba ídolos. Los ídolos son ideologizaciones de las fuerzas naturales, y el gran ataque que les hace la Biblia es porque ellos son «nada». Y porque ellos no liberaron al pueblo de la esclavitud de Egipto.

San Juan dice que Dios es amor. Esta es una frase vaga, que no dice nada —a no ser que entendamos con precisión qué quiere decir san Juan por amor—. Por amor san Juan entiende una cosa muy concreta, y una cosa a la que nosotros corrientemente no le damos el nombre de amor, y que Jeremías describe así: «Defender la causa del pobre y del indigente».

Sobre la violencia y la no-violencia

La Biblia dice «no matarás». Pero en el mismo libro de la Biblia en que está ese precepto, se ordena que al que comete un asesinato hay que matarlo, porque quebrantó ese precepto. En cambio algunos interpretan ahora el «no matarás» en el sentido de que a un tirano que ha cometido muchos asesinatos no se le debe matar.

La palabra «violencia» tiene varios significados. Si se entiende meramente el uso de la fuerza, es algo neutro. Hay que distinguir el uso de la fuerza para asaltar a un niño y el uso de la fuerza para defender a un niño asaltado por un asesino.

Si por «violencia» se entiende la fuerza injusta, entonces violencia entre nosotros es sólo la institucionalizada; la de los guerrilleros es contra-violencia.

El odio es otra cosa. Como le oí decir al padre Gonzalo Arroyo en Chile (no se donde él estará ahora): «El odio es siempre reaccionario. Sólo el amor es revolucionario». El Che alguna vez habló de odio, pero yo creo que era más bien una manera de hablar. También Cristo dijo. «El que no odia a su padre y a su madre no es digno de mí».

Naturalmente que debemos preferir la no-violencia cuando se puede escoger.

Sobre Solentiname

Vine a Solentiname huyendo de lo que tradicionalmente se llama en el lenguaje cristiano «el mundo» y que ahora es el capitalismo y la sociedad de consumo.

Vine a esta isla buscando la soledad, el silencio, la meditación y, en último término, buscando a Dios, Dios me llevó a los demás hombres. La contemplación me llevó a la revolución.

He dicho otras veces que no fue la lectura de Marx la que me llevó al marxismo sino la lectura del evangelio.

No debe hacerse diferencia entre lo espiritual y lo temporal. O entre evangelio y política. Por lo tanto tampoco entre contemplación y revolución. Los verdaderos contemplativos de todas las épocas nunca han sido indiferentes a los problemas de su tiempo.

Y la contemplación es importante para la revolución. Porque existe también el otro aspecto: la revolución interior. O como dijo Leonel Rugama, el joven poeta nicaragüense que murió a los 20 años en la guerrilla urbana: «La revolución interior y la otra son la misma».

Yo considero que mi misión es predicar desde aquí el marxismo, pero un marxismo con san Juan de la Cruz..

Poesías de inspiración cristiano-marxista

Condensaciones — y visión de San José de Costa Rica

Allá arriba llaman las estrellas
invitándonos a despertar, a evolucionar,
  salir al cosmos.
Ellas engendradas por la presión y el calor.
   Como alegres bulevares iluminados
   o poblaciones vistas de noche desde un avión.
  El amor: que encendió las estrellas...
El universo está hecho de unión.
   El universo es condensación.
Condensación es unión, y es calor (Amor).
El universo es amor.
   Un electrón nunca quiere estar solo.
Condensación, unión, eso son las estrellas.
Le ley de la Gravedad
   che move il sole e l'altre stelle
es una atracción entre los cuerpos, y la atracción
se acelera cuando se acercan los cuerpos.
La fuerza de atración de la materia caótica.

Cada molécula
atrae a toda molécula del universo.
La línea más recta es curva.
Sólo el amor es revolucionario.
El odio es siempre reaccionario.
El calor es un movimiento (agitación) de las moléculas
como el amor es movimiento (y como el amor es calor)
Un electrón busca pertenecer a un grupo completo o
[subgrupo.
Toda la materia es atracción
Los electrones del átomo giran en órbitas elípticas
como giran en órbitas elípticas los planetas
(y el amor es en órbitas elípticas)
Cada una de las moléculas de la tierra, atrae
a la luna, al sol y las estrellas.
Ha llovido en la noche y los sapos están cantando
bajo la luna, cantando para las hembras, llamándolas
a la cópula.
Y los átomos, se juntan los átomos amantes
hasta que tantos átomos se han unido
que empiezan a brillar y es una estrella.
(¿Qué sucede en la unión sexual? ¿Y cómo produce
nueva vida?). Y de ellas vino la danza.
Entre estalagtitas y estalagmitas (última galería)
un bisonte modelado en barro de la misma cueva
saltando una hembra modelada con el mismo barro
y en el suelo huellas, plantas y talones en el barro
de adolescentes de la era glacial que danzaron
y danzaron delante de los dos bisontes.
La danza aprendida de las estrellas.

Domingo en la noche, y en Wall Street un viento sucio
avienta periódicos en la acera vacía. Wall Street con
[estrellas
fantasmal y vacío. Oscuras las ventanas de los bancos
aunque no todas. Algunas filas iluminadas
en las moles negras. Pueden identificarse:
los departamentos extranjeros de los grandes bancos.
Las puertas de hierro cerradas con candados y barras.
Pero por entradas traseras ha entrado una gente
a los departamentos extranjeros. Las luces reuniones
[secretas
decisiones que ignoramos (y asciende como las acciones
el humo de sus habanos) pero nos afectan a todos.
Un motín en la Malasia por la devaluación, buses que-
[mados
y la sangre corre en las calles como el agua de un hi-
[drante.
A la hora en que brillan las estrellas sobre Wall Street
y la hora en que en Londres abren los bancos.

La materia atrae a la materia.
y a medida que aumenta la condensación aumenta
su poder de atracción. En igualdad de condiciones
una condensación de dos millones de millas de diá-
[metro
ejerce doble atracción que una de un millón. Así
mientras es mayor la condensación mayor su posibi-
[lidad
de crecer más reuniendo menores condensaciones.

Supongamos ahora que una masa enorme de gas uni-
[forme
se extiende en el espacio por millones y millones de
[millas
en todas direcciones: cualquier pequeña alteración
de su uniformidad puede desencadenar condensacio-
[nes y
condensaciones, de cualquier dimensión imaginable.

Pasará el Capitalismo. Ya no veréis la Bolsa de Va-
[lores.
—Tan seguro como la primavera sigue al invierno…
                Mi visión de San José de Costa Rica.
Y si «el último enemigo destruido será la muerte»
antes será destruido el egoísmo.
Tan diferente del actual como él lo es del Sinántropo.
            La competencia impide la cooperación.
Hay separación entre hombre y hombre.
Una humanidad rota.
                        El primer pez
murió asfixiado. El primer pez que saltó a tierra
fue como el Che.
                    Pero otros siguieron después.

Cualquiera pensaría que un pequeño disturbio
que sólo afecta una pequeña masa de gas
produciría una condensación de pequeñas proporciones.
Pero la gravitación del más pequeño cuerpo
repercute en todo el universo. La luna
crea mareas en la tierra y en las estrellas más distantes.

Cuando el bebé tira al suelo su juguete
perturba la moción de todas las estrellas del universo.
Mientras exista gravitación, ninguna
perturbación puede quedar confinada
a un área menor que la totalidad del espacio.

«La tentativa de subir al asalto al cielo» dijo Lenin
nada menos Lenin (La Comuna de París).
        Comunal y personal, sin clases y sin estado.
Un hombre nuevo con nuevos cromosomas.
Fácil producir y distribuir lo que necesitamos
        en este cuerpo celeste
(La economía no es complicada)

Mientras más violenta es la perturbación
más intensas serán las condensaciones
pero aun la más insignificante desarrolla
condensaciones aunque sean de intensidad debilísima
y ya vimos que el destino de una condensación
no está determinado por su intensidad sino por su masa.
Por muy débil que haya sido su intensidad original
las grandes condensaciones se van haciendo más gran-
                                                    [des
y más grandes, y las pequeñas desaparecen absorbidas
por las más grandes, y al final no queda sino una
                                                    [colección
de enormes condensaciones. Así son los fenómenos
                                                    [que llamamos
socializaciones, y así es
        la Revolución.

El universo es homogéneo. Los fragmentos de estrellas
en el Museo Geológico de South Kensington
demuestran que ellas son de la misma carne de nos-
[otros.
　　　　(También nosotros somos astro)
«Carne celeste» dijo Rubén.
También somos hijos del sol
(el calor de nuestra sangre es calor solar)
　　　　Engendrados por las estrellas!
«Negra, estoy contento en la montaña
porque estoy en el frente de batalla de mi pueblo».
　　　　Y la batalla lleva ya veinte mil millones de años.
Mas: «la revolución no acaba en este mundo»
si no vencemos a la muerte
　　　　triunfa definitivamente el statu quo
　　　　la muerte es statu quo.

Y mi Visión en San José de Costa Rica, contaré
mi Visión —en un taxi de noche
acabando de llegar en avión a un Congreso de Es-
[critores—.
Mi Visión fue: unos anuncios de neón, farmacias, autos
muchachos en motos, gasolineras, bares, gente en las
[aceras
grupo de niñas con uniforme, trabajadores agrupados
　　　　y vi todo organizado por el amor.
El color de un sweater me hablaba de amor
el amor movía los carros, encendía esas luces
　　　　　　　　　　　—todas—.

Las modas de las muchachas, qué eran sino amor
    los niños de los barrios, reunidos por el amor
y plantados por el amor árboles de flor roja
    un muchacho mechudo —mechudo por el amor
un anuncio: IMPERIAL. Quién sabe qué es pero será
cosa para compartir, obsequiar.
Una caseta telefónica y alguien llamando ¿a quién? ¿a
                                                    [quiénes?
Madre e hijo por la calle y he ahí otro amor
    una pareja va abrazada, otro amor
        una mujer encinta como gritando amor.
Mi taxi pasa. Dos en una acera: uno contando un
                                                    [cuento
(serán amigos)
            Animal muy bello es el hombre me digo
Pollos Fritos, Pastelería… también amor.
Uno muy aprisa —llegando tarde. ¿Adónde? A una
cita o a una fiesta, una casa donde él ama.
Otro llevando pan. Para él con otros. Comunión.
Restaurantes brillantes: también son para una unión
cerveza PILSEN: también anuncia asociación, reunión
    Coca-Cola
(una mierda) pero el letrero deletrea esta noche:
                        C o m u n i ó n
Bella especie dije cómo la amo
            todos nacidos de cópulas
            nacidos para el amor
(En un barrio, una casa con fiestecita. Y qué emoción)
Y vi que era bello morir por los otros.

Esa fue mi Visión esa noche en San José de Costa Rica
la creación entera aun en los anuncios comerciales ge-
                                                    [mía con dolor
por la explotación del hombre por el hombre. La crea-
                                                    [ción entera
            pedía, pedía a gritos
la Revolución.

Epístola a José Coronel Urtecho

Poeta:
He gozado con sus «Conferencias a la Iniciativa Pri-
[vada»
(yo diría Homilías) que escribió en Granada, en la
[casita del lago,
y tardó tanto escribiéndolas que pensaba —me dijo
[allí una vez—
que tal vez cuando las terminara no habría iniciativa
[privada.
    Todavía hay. Pero no será por mucho tiempo.
Fue un esfuerzo heroico el suyo para que le entendieran
no obstante la inflación y devaluación del lenguaje
en el lenguaje de todos los días, que es también el de
[la poesía,
los gerentes de empresa. Y fue, supongo
un esfuerzo inútil. No se salvan, salvo
    las excepciones que conocemos.
Algunos sí individualmente.

Engels fue millonario.
Usted sabe como yo que no tienen remedio.
Salvo unos pocos que ya sabemos.
(Revolucionario hecho empresario para financiar *El*
[*Capital*...*)
Usted poeta, que como dice, no posee «bienes terrenos»
y mucho nos repite que la finca Las Brisas no es suya
sino de la María y de sus hijos y está allí posando co-
[mo huésped,
y jamás en su vida ha vendido nada,
ha predicado ahora a la Iniciativa Privada. Y fue para
me parece a mí, que viendo no vean
oyendo no entiendan
«no sea que se conviertan y se salven»
...un Cadillac por el ojo de una aguja.
Pueden ser buenos, según Marx. Algunos capitalistas
son de buen corazón. Por eso: no es cambiar el corazón
sino el sistema.

La propiedad privada —ese eufemismo.
Ladrones, no es retórica.
No es figura de lenguaje.
Caridad en la Biblia es *sedagah* (justicia)
(la terminología correcta que quería el maistro
[Pound)
y «limosna», devolver.
Esto tiene mucho que ver con la inflación y devaluación
(del lenguaje y el dinero)
La solución es simple: repartir fraternalmente.
El capitalismo impide la comunión.

Los bancos impiden la comunión.
Y nadie con más de lo que realmente necesita.
A los bancos les interesa que el lenguaje sea confuso
nos ha enseñado el maistro Pound
de ahí que nuestro papel sea clarificar el lenguaje.
Revaluar las palabras para el nuevo país
mientras el FSLN viene avanzando en el norte.
San Ambrosio tronaba en su catedral de Milán, en los
                                                [umbrales
del feudalismo, la catedral no gótica todavía
ni románica sino revolucionaria:
    LA TIERRA ES DE TODOS, NO DE LOS
                                                [RICOS
y san Juan Crisóstomo en Bizancio con su marxismo
                                                [bíblico:
«la comunidad de bienes responde mejor a la natu-
                                                [raleza».
En el lenguaje del nuevo testamento, le decía yo la otra
vez en Las Brisas, citando al padre Segundo
    el «pecado» es el conservatismo.
El mundo en san Juan es el statu quo.
El mundo-pecado es el sistema.
Un cambio de *actitud* es de estructuras.
          Obtener más ganancia para
          acumular más capital para
          obtener más ganancias para
          y así hasta el infinito.
Ajeno. Trabaja ajeno según Crisóstomo.
«Disfruto de lo mío...» «No, no de lo tuyo
sino de lo ajeno».

Una especie de fructificación automática. Ya tantas
veces hemos comentado esto, con los textos del maistro
[Pound.
La «parthenogénesis» del dinero.
Y las muchachas de Matiguás son muy hermosas
pero están siendo esterilizadas.

Todavía hay. Pero no será por mucho tiempo.
Ya pasa esta prehistoria
de la superficie del planeta en manos de pocos.
Leíamos la otra tarde aquí bajo el mango
mirando el lago azul y enfrente la pequeña isla La
[Cigüeña
lo que dice Fidel: «la tierra será como el aire»
y los muchachos del club Juvenil sueñan ya ese día
cuando la isla La Cigüeña, La Venada, todas las islas
sean de ellos, y el país entero. «En el extranjero
uno dice mi tierra», decía Laureano, «y es mentira
es de otros jodidos».
Y hemos sabido que ahora en Portugal
están presos los banqueros.
Millonarios, y no lustradores.
Ha sido cerrado el Banco del Espíritu Santo.
Una especie de fructificación automática, como si
el dinero trabajara.
La santa banca...
Su función es buscar el dinero que no existe
y prestarlo.
No hay comunión con Dios ni con
los hombres si hay clases,

si hay explotación
no hay comunión.
Le han dicho que yo ya sólo hablo de política.
No es de política sino de Revolución
que para mí es lo mismo que reino de Dios.

Contruir la tierra.
La transformación de la tierra en una tierra humana
o la humanización de la naturaleza.
Todo, hasta el cielo, un hombrecito como decía Va-
[llejo.
Llenar de amor este planeta azul.
(O la revolución es burocrática).
Como el paso del australopiteco al pitecántropo.
El sujeto plenamente objeto
y el objeto pleno de subjetivismo.
Dueños de la naturaleza y de sí mismos
libres, sin Estado.
La Osa Mayor tendrá ya entonces forma de jirafa.
El hombre nuevo no es uno,
me dijo usted un día allí en el río,
son muchos juntos.
«Cambio del hombre», dicen, no de estructuras. Pero
¡un cambio de estructuras es hasta del subconsciente
[del hombre!
Una nueva relación entre los hombres
y entre el hombre y el mundo natural
y con lo Otro
(en lo que también usted insiste tanto)
Marx dijo que no sabía
qué habría después del comunismo.

Como el árbol hacia la luz
la evolución se desarrolla hacia el amor.
El planeta no será dominado por insectos, monos, o
[robots
o por el monstruo de Frankenstein.
Un billón y pico desde la primera célula...
Vio que la materia era buena (Un Dios materialista).
Y con la creación comenzó la liberación.
　　　Y el pecado es la contra-evolución
es antihistórico
　　　la tendencia a lo inorgánico.
¿Cómo escapó nuestra materia de la anti-materia?
¿Y qué quiere decir que Cristo entregará el reino al
[Padre?
...Al que se reveló en la zarza como El que oye a las
[masas
　　　como la liberación de la sociedad esclavista.
Y también podíamos preguntarnos: ¿Qué relación hay
entre resurrección y relaciones de producción?
　　　Toda célula viene de otra célula.
La vida se produce por participación de la vida.
　　　La reproducción es por comunión.
Sería injusto, la injusticia final si no hubiera.
　　　Hay resurrección, si no
¿no se librarán los que murieron antes de la revolución?
La abolición de la muerte... Pero primero naturalmente
　　　la del dinero.

Usted se ha vuelto al río, a su finca Las Brisas
que no es suya sino de la María y de sus hijos,

a su eremo del llano del Medio Queso rodeado de selva
que está siempre lleno de agua menos en verano
donde hace poco lo visitó un presidente sin guardaes-
                                                    [paldas
por supuesto no el de Nicaragua, el de Costa Rica.
Su eremo donde practica ahora su penosa penitencia
de escribir prosa. Su penosa prosa diaria.
Pero prosa profética.
        Yo prefiero el verso, usted sabe, porque es más
                                                    [fácil
            y más breve
y el pueblo lo capta mejor, como los posters.
                            Sin olvidar que
        «el arte revolucionario sin valor artístico
        no tiene valor revolucionario»   (Mao)
Usted antes fue reaccionario
y ahora está «incómodo» en la izquierda
pero en la extrema izquierda,
sin haber cambiado nada en su interior:
la realidad a su alrededor ha cambiado.
El profeta puede equivocarse. Jeremías
—he sabido— se equivocó en una profecía de política
                                            [internacional.
Usted poeta, ha vuelto a su remoto eremo
        (al que amenaza ahora un oleoducto de Onassis:
como a Solentiname, la cadena de casinos de Howard
                                            [Hughes)
        y perora allí a toda hora frente al llano
para cualquiera que quiera oírle, profetizando a toda
                                            [hora,

el dinero como fin de la vida
el trabajo por amor al dinero y no por amor al
[trabajo
frente al llano siempre verde aun en verano, con
palmeras cubas rousseauneanas y palomas pataconas
y palomas poponés y chillonas bandadas de piches,
la universidad de los jesuitas, el INCAE
los realistas sin más realidad que la que da ga-
[nancias,
y de vez en cuando también pasan volando martín-
[peñas
y martín-pescadores de pico largo y despeinado copete
y veteranos de cuello desplumado también en bandadas
el joven ejecutivo sin tiempo para coger a su
[mujer
los amigos de Managua
que nunca hacen nada por estar demasiado ocu-
[pados,
o son guairones, o el avión de San José de Costa Rica
que ya baja a aterrizar a Los Chiles, o son patos de
[aguja
los dos tipos de gente que dominan en Nicaragua
los bebedores de sangre / y los comedores de
[mierda,
y la gallinita-de-agua color de flor acuática corre
junto al agua de la zanja, y surge de los sorocontiles
el sargento negro con su mancha de sangre como un
[guardia,
la Mierdocracia,
generales y comerciantes, cuando no generales

                                              [comerciantes,
en su estudio rústico hecho por la María, abierto al
                                                    [llano
lejos en el horizonte la línea azul del río casi invisible
y de vez en cuando casi inaudible el rumor de un motor
                                                [de lancha
        la historia de Nicaragua se detuvo en 1936
y si es tarde pasan las lapas en parejas, canta un cuaco
quién sabe dónde, canta el sapito tú llamando a la
                                                   [hembra
tú, tú, tú, y cuando llega la hembra se le monta encima
        ¡Está loco, pero como todos le obedecen, parece
                                                   [cuerdo!
alza vuelo la garza de plumas de espuma y pico ama-
                                                    [rillo
y sale la luna, la luna llena sobre el llano del Medio
                                                   [Queso
y la María nos llama para la cena.

«El arte revolucionario sin valor artístico...»
        ¿Y el artístico sin valor revolucionario? Me parece
que grandes bardos del siglo XX están en la Publicidad
        esos Keats y Shelleys cantando la sonrisa Colgate
la Coca-Cola Cósmica, chispa de la vida
        la marca de carro que lleva al país de la felicidad.
La inflación y devaluación del lenguaje
parejas a las del dinero y causadas por los mismos.
        Al saqueo llaman sus inversiones.
Y están llenando la tierra de latas vacías.
        Como un río de Cleveland que ya es inflamable
el lenguaje, también polucionado.

«Parece que nunca entendió (Johnson)
que las palabras tienen un significado real
además de servir para la propaganda»
dijo Time que sí lo entiende y miente igual-
[mente.
Y cuando la defoliación en Vietnam
es Programa de Control de Recursos
es también defoliación del lenguaje.
        Y el lenguaje se venga negándose a comunicar.
        El saqueo: inversiones
También hay crímenes de la CIA en el orden de la
[semántica.
Aquí en Nicaragua, como usted ha dicho:
la lengua del gobierno y la empresa privada
contra la lengua popular nicaragüense.

Recuerdo aquella vez en el puertucho de San Carlos
donde uno dobla para ir al correo y al telégrafo
y se ve el gran lago abierto color cielo, y Solentiname
también color cielo, y los volcanes de Costa Rica
y las puestas de sol son sólo comparables a las de
[Nápoles
según Squire:
el guardia borracho en la acera con el garand bala
[en boca
        apoyándose en el garand para no caer,
el obrero borracho acostado sobre el lodo de la calle
        cubierto de moscas y con la portañuela abierta.
Y me dijo usted: «Hay que escribir esto en un poema
        para que sepan después lo que fue Somoza».

(La poesía como poster
        o como film documental
        o como reportaje).
Usted antes estuvo en la reacción. Pero su «reacción»
no era tanto la vuelta a la Edad Media sino a la de
                                        [Piedra
(¿o tal vez más atrás todavía?)
        Yo he añorado el paraíso toda mi vida
        lo he buscado como un guaraní
pero ya sé que no está en el pasado
(un error científico en la Biblia que Cristo ha corregido)
sino en el futuro.

Usted es un optimista empedernido, como yo, y
al menos a corto plazo es más que yo,
y prende la radio cada mañana para oír la noticia que
                                        [cayó Somoza.
Ahora usted va a cumplir 70 años
y espero no caiga en la tentación del pesimismo.
La revolución no acaba en este mundo
        me dijo usted una vez en esta isla, frente al lago
y el comunismo se prolongará en el cielo.
        El FSLN viene avanzando en el norte.
Aun en la universidad de los jesuitas hay signos de vida,
la hierba tenaz asoma otra vez entre el concreto,
        la tierna hierba agrieta el concreto.
Sus conferencias serán más apreciadas sin iniciativa
                                        [privada.
Miro aquí nomás tras el cedazo el lago en calma, y
                                        [pienso:

como el lago azul refleja la atmósfera celeste
así será en el planeta el reino de los cielos.
Una garza junto al agua comulga con una
[sardina.
Saludos a la María y al río.
Le abraza,

ERNESTO CARDENAL

Epístola a monseñor Casaldáliga

Monseñor:
Leí que en un saqueo de la Policía Militar
en la Prelatura de Sâo Félix, se llevaron, entre
otras cosas, la traducción portuguesa (no sabía
que hubiera) de "Salmos" de Ernesto Cardenal. Y
que a todos los detenidos han dado electrodos
por Salmos que muchos tal vez no habían leído.
He sufrido por ellos, y por tantos otros, en
   'las redes de la muerte'... 'los lazos del Abismo'.
    Hermanos míos y hermanas
con la picana en los senos, con la picana en el pene.
Le diré: esos Salmos aquí también han sido prohibidos
y Somoza dijo hace poco en un discurso
que erradicaría el 'oscurantismo' de Solentiname.

He visto una foto suya a orillas del Araguaia
el día de su consagración, con su mitra
que como sabemos es un sombrero de palma
y su báculo, un remo del Amazonia. Y he sabido

que espera ahora una sentencia del Tribunal Militar.
Lo imagino, en espera, sonriente como en la foto (no
era a la cámara sino a todo lo que estaba por venir)
a la hora en que los bosques se vuelven más verdes
o más tristes,
al fondo el agua bella del Araguaia,
el sol hundiéndose tras lejanos latifundios.
La selva allí empieza, 'su silencio como una sordera'.
Yo estuve una semana en el Amazonas (Leticia) y
[recuerdo
las riberas de árboles ocultos por marañas de parásitos
como empresas financieras.
Usted ha oído de noche sus extraños ruidos
(unos son como quejidos y otros como carcajadas).
Jaguar tras tapir, tapir espantando a los monos, los
[monos
ahuyentando a...
¿guacamayas?
(está en una página de Humboldt)
como una sociedad de clases.
Una melancolía en las tardes como la de los patios de
[las Penitenciarías
En el aire hay humedad, y como un olor a DEOPS...
Tal vez sopla un viento triste del Nordeste
del triste Nordeste...
Hay una rana negra en los negros igarapés
(he leído) una rana que interroga: *Porrr
qué? Porrr
qué?*

Tal vez salta un pez-tucunaré. Alza el vuelo una garza
[grácil
como Miss Brasil.
        Pese a las compañías, las empresas. La belleza
de esas riberas, preludio de la sociedad que tendremos.
Que tendremos. No podrán, aunque intentan
        quitar un planeta al sistema celeste.

¿Anda por allí la Anaconda? ¿Anda
la Kennecott?
Allá, como aquí, el pueblo está con miedo.
Los seglares, usted ha escrito,
        "por la selva como jaguares, como pájaros"
He sabido el nombre de un muchacho (Chico)
y el nombre de una muchacha (Rosa)
        La tribu se va río arriba.
Vienen las Compañías levantando los cercos. Pasan
por el cielo del Mato Grosso los terratenientes en sus
[avionetas.
Y no lo invitan al gran churrasco con el Ministro del
[Interior.
        Sembrando soledad las Compañías.
Van llevando el telégrafo para transmitir falsas noticias.
El transistor a los pobres, para las mentiras al oído.
        Prohibida la verdad porque hace libres.
Soledad y división y agudas púas.
Usted es poeta y escribe metáforas. Pero también ha
[escrito:
        "la esclavitud no es una metáfora".

Y se internan hasta por el alto Xingú
los cazadores de concesiones bancarias usurarias.
    El llanto en esas zonas, como la lluvia amazónica:
La Policía Militar le ha dicho que
la Iglesia sólo debe cuidar a los "espíritus"
¿Pero y los niños anémicos por las sociedades anó-
                                                [nimas?

Tal vez es noche oscura en la Prelatura de Sâo Félix.
Usted solo, en la casa de la Misión, rodeada de selva,
la selva por donde vienen avanzando las corporaciones.
                                                [Es
la hora de los espías del DEOPS y los pistoleros de las
                                        [Compañías.
            ¿Es un amigo a la puerta o el Escuadrón
                                        [de la Muerte?

Imagino (si hay luna) una luna melancólica del Ama-
                                                [zonia
            su luz ilumina la propiedad privada.
Latifundio no para cultivar, que esto quede claro,
sino para que el posseiero no haga su pequeña granja.

Noche oscura.—"Hermano, ¿cuánto faltará para llegar
a Paranará?" —"No sabemos, hermano.
No sabemos si estamos cerca o lejos
o si ya pasamos. Pero rememos, hermano".

Noche oscura. Brillan
las lucecitas de los desposeídos en las orillas.

Sus llorosos reflejos.
Lejos, muy lejos, ríen las luces de Río de Janeiro
y las luces de Brasilia.

¿Cómo *poseerán la tierra* si la tierra la tienen terra-
[tenientes?
Improductiva, sólo valorizada para la especulación
inmobiliaria y los gordos empréstitos del Banco del
[Brasil.
Allí El siempre es vendido por Treinta Dólares
en el Río das Mortes.
El precio de un peón. No obstante
2.000 años de inflación.

Noche oscura. Hay una lucecita humilde (en qué lugar
exactamente no lo sé)
un leprocomio en el Amazonas
allí están los leprosos en el muelle
esperando el regreso de la balsa del Che.

He visto que usted cita mi HOMENAJE A LOS IN-
[DIOS AMERICANOS
me sorprende que el libro viajara tan lejos hasta el alto
[Xingú
donde usted, monseñor, los defiende. ¡Un mejor ho-
[menaje!
Pienso en los pataxó inoculados de viruela.
De 10.000 cintas-largas sólo 500.
Los tapaiama recibieron regalos de azúcar con arsénico.

Otra tribu del Mato Grosso, dinamitada desde un
[Cessna.
No resuena el ronco mangaré llamando a las danzas
[a la luna,
Las danzas difrazadas de mariposas, mascando la co-
[ca mística,
Las muchachas desnudas pintadas con los dibujos
[simbólicos
de la piel de la boa, con sonajas de semillas en los
[tobillos
alrededor del Arbol de la Vida (la palmera de pifayo).
Una cadena de rombos representa la serpiente, y dentro
de cada rombo otras grecas, cada greca otra serpiente.
De manera que son muchas serpientes en el cuerpo de
[una sola:
La organización comunal de muchos individuos. Plu-
[ralidad
dentro de la unidad.
Al principio había sólo agua y cielo.
Todo estaba vacío, todo era noche grande.
Después hizo montañas, ríos. Dijo "ya está todo allí."
Los ríos se llamaron unos a otros por sus nombres.
Los hombres antes eran monos choros.
La tierra tiene la forma del árbol de la fruta de pan.
Entonces había una escalera para subir al cielo.
Colón los encontró en Cuba en un paraíso donde todo
[era común.
"La tierra común como el sol y el agua, sin *meum*
[*et tuum*."
Le dieron una tela a uno y cortándola en trozos iguales

la repartió entre toda la tribu.
Ninguna tribu de América con propiedad privada, que
[yo sepa.
Los blancos trajeron el dinero
la valoración monetaria privatista de las cosas.
(Gritos... crepitar de chozas en llamas...
[tiros)
De 19.000 muducuras, 1.200. De 4.000 carajás, 400.
Los tapalumas: totalmente.
La apropiación privada del Edén
o Infierno Verde.
Como ha escrito un jesuita:
"la sed de sangre más grande que el Río"

Un nuevo orden. Más bien
nuevo cielo y nueva tierra.
Nueva Jerusalén. Ni Nueva York ni Brasilia.
Una pasión por el cambio: la nostalgia
de esa ciudad. Una comunidad amada.
Somos extranjeros en la Ciudad del Consumo.
El nuevo hombre, y no el nuevo Oldsmobile.

Los ídolos son idealismo. Mientras que los profetas
profesaban el materialismo dialéctico.
Idealismo: Miss Brasil en la pantalla para tapar
100.000 prostitutas en las calles de São Paulo.

Y en la futurista Brasilia los mariscales decrépitos
desde sus escritorios ejecutan hermosos jóvenes por
[teléfono

exterminan la alegre tribu con un telegrama
trémulos, reumáticos y artríticos, cadavéricos
resguardados por gangsters gordos de gafas negras.

Esta mañana el comején entró a mi cabaña
por donde están los libros (Fanón, Freire...
también Platón): una sociedad perfecta
pero sin un cambio
   por millones de años sin un cambio.
Hace poco me preguntaba un periodista por qué escri-
         [bo poesía:
por la misma razón que Amós, Nahúm, Ageo, Jere-
         [mías...
Usted ha escrito: "maldita la propiedad privada."
Y San Basilio: "dueños de los bienes comunes
porque fueron los primeros en cogerlos."
Para los comunistas Dios no existe, sino la justicia.
Para los cristianos Dios no existe, sin la justicia.
Monseñor, somos subversivos
cifra secreta en una tarjeta en un archivo quién sabe
         [dónde,
seguidores del proletario mal vestido y visionario, agi-
         [tador
profesional, ejecutado por conspirar contra el Sistema.
Era, usted sabe, un suplicio destinado a los subversivos
la cruz, a los reos políticos, no una alhaja de rubíes
en el pecho de un obispo.
    Lo profano no existe más.
El no está más allá de los cielos atmosféricos.
Qué importa, monseñor, si la Policía Militar o la CIA

nos convierte en alimento de las bacterias del suelo
y nos dispersa por todo el universo.
Pilatos puso el letrero en 4 idiomas: SUB-
[VERSIVO.
Uno apresado en la panadería.
Otro esperando un bus para ir al trabajo.
Un muchacho de pelo largo cae en una calle de Sâo
[Paulo
Hay resurrección de la carne. Si no
¿cómo puede haber revolución permanente?
Un día "El Tiempo" salió jubiloso a las calles en Bo-
[gotá
(hasta Solentiname me llegó) MUERTO CAMILO
[TORRES
enormes letras negras
y está más vivo que nunca desafiando al "Tiempo".
Como también aquel editorial del *New York Times*
"Si es verdad que murió en Bolivia, como parece,
un mito ha acabado junto con un hombre."

Y dicen en Brasilia:
"No veáis para nosotros visiones verdaderas, habladnos
cosas halagüeñas, contemplad ilusiones."
El milagro brasileño
de un Hotel Hilton rodeado de favelas.
Sube el precio de las cosas
y baja el precio de los hombres.
Mano de obra tan barata como sea posible (para
ellos no es la limpieza... la Sinfonía de Beethoven).
Y en el Nordeste el estómago se les devora a sí mismo.
Sí, Juliâo, los capitales se multiplican como bacilos.

Capitalismo, el pecado acumulado, como la polución
de Sâo Paulo
        la miasma color de whisky sobre Sâo Paulo.
Su piedra angular es la desigualdad.
Conocí en el Amazonas a un famoso Mike
que exportaba pirañas a los EE. UU.
y no podía enviar sino dos en cada pecera,
para que la una huyera siempre de la otra:
si son tres o más se destrozan todas.
Así este modelo brasileño de pirañas.
        Producción en masa de miseria, crimen
        en cantidades industriales. La muerte
        en producción en cadena.
Mario-Japa pidió agua en el *pau-de-arara*
y le hicieron tragar ¹/₂ kilo de sal.
Sin noticias por la censura, sólo sabemos:
allí donde se juntan los helicópteros está el Cuerpo
                                        [de Cristo.
De la violencia, yo diría:
        existe la violencia de la Evolución
        y la violencia que retarda la Evolución.
(Y un amor más fuerte que el DEOPS y el Escuadrón
                                        [de la Muerte).
Mas
        sadismo y masoquismo es la armonía de clases
        sadismo y masoquismo de opresores y oprimidos.
Pero el amor también es implacable (como el Deops).
El anhelo de unión puede llevar a uno al *pau-de-*
                                        [*arara,* a
los culatazos de ametralladora en la cabeza, los

golpes en la cara con puños vendados, los electrodos.
Muchos por ese amor han sido castrados.
Uno siente la soledad de ser sólo individuos.
Tal vez mientras le escribo usted ya fue condenado.
Tal vez yo después estaré preso.
Profeta allí donde se juntan el Araguaia y el Xingú
y también poeta
        usted es voz de los que tienen esparadrapos en
                                 [la boca.
        No es tiempo ahora de crítica literaria.
Ni de atacar a los gorilas con poemas surrealistas.
¿Y para qué metáforas si la esclavitud no es metáfora
ni es metáfora la muerte en el Río das Mortes
ni lo es el Escuadrón de la Muerte?
        Ahora el pueblo llora en el *pau-de-arara.*
Pero todo gallo que canta en la noche en el Brasil
ahora es subversivo
        canta "Revoluciâo"
y es subversiva, después de cada noche,
como una muchacha repartiendo papeletas o afiches
                              [del Che
        cada aurora roja.

Saludes a los posseieros, los peones, los seglares en la
                                 [selva,
al cacique tapurapé, las Hermanitas de Foucauld,
                           [Chico, a Rosa.

Le abraza.